Youtube से कमाएँ करोड़ों

Youtube से कमाएँ करोड़ों

महेश दत्त शर्मा

प्रकाशक

प्रभात प्रकाशन प्रा. लि.

4/19 आसफ अली रोड, नई दिल्ली-110002

फोन : 23289777 • हेल्पलाइन नं. : 7827007777

इ-मेल : prabhatbooks@gmail.com ❖ वेब ठिकाना : www.prabhatbooks.com

संस्करण

2026

पेपरबैक मूल्य

तीन सौ रुपए

मुद्रक

यश प्रिंटोग्राफिक्स, नोएडा

★

YOUTUBE SE KAMAYEN CROREON

by Shri Mahesh Dutt Sharma

Published by **PRABHAT PRAKASHAN PVT. LTD.**

4/19 Asaf Ali Road, New Delhi-110002

ISBN 978-93-90900-51-0

₹ 300.00 (PB)

अपनी बात

आज इंटरनेट पर ऑनलाइन कमाई के अनेक साधन मौजूद हैं और दुनिया भर के लाखों लोग घर बैठे इन साधनों से लाखों-करोड़ों की कमाई के साथ-साथ नाम भी कमा रहे हैं।

लोकप्रिय और कारगर ऑनलाइन कमाई के साधनों में लेखन, अनुवाद, संपादन, प्रूफरीडिंग, फोटोग्राफी, एच.आर. सर्विसेज, वर्चुअल कॉल सेंटर एजेंट, वेब डेवलपिंग, ट्रैवल एजेंट, डाटा एंट्री, ऑनलाइन ट्यूशन, ब्लॉगिंग, डोमेन खरीद-बिक्री, ऑनलाइन सर्वे, टेक्निकल सेवाएँ, इ-मेल पढ़कर पैसा कमाना, ऑनलाइन गेमिंग, ऑनलाइन सेलिंग इत्यादि कार्य शामिल हैं।

इनके अलावा यू-ट्यूब चैनल बनाकर उस पर अपने वीडियो बनाकर बेचना भी कमाई का एक अत्यंत आकर्षक जरिया बनकर उभरा है। इसमें रचनात्मकता, रोमांच, नाम और दाम सबकुछ है। पता नहीं, आपका कौन सा वीडियो लोगों को भा जाए और लाखों-करोड़ों में वायरल होकर वह आपको रातोंरात स्टार बना दे।

अगर आप अपना यू-ट्यूब चैनल बनाकर उस पर धैर्यपूर्वक काम करते हैं तो एक-न-एक दिन सफलता अवश्य ही आपके कदम चूमेगी।

प्रस्तुत पुस्तक में यू-ट्यूब चैनल बनाने से लेकर उससे नाम और दाम कमाने के सारे गुर आसान शब्दों में सिखाए गए हैं। सफलता आपसे बस चंद कदम दूर है। आगे बढ़ें और छू लें अपना आसमान।

अनुक्रम

यू-ट्यूब से कौन बनेगा करोड़पति

सोशल मीडिया साइट यू-ट्यूब पर आप अकसर रोचक वीडियो देखते होंगे। क्या आपको पता है कि जैसे ही आप एक पूरा वीडियो देख लेते हैं तो वीडियो बनानेवाले के खाते में कुछ रुपए जाने की संभावना बढ़ जाती है। आप भी यू-ट्यूब पर वीडियो बनाकर लाखों रुपए कमा सकते हैं, बशर्ते आप अपनी ऑडियंस को सही तरीके से समझ पाएँ।

सोशल मीडिया साइट पर युवाओं का बढ़ता रुझान यू-ट्यूब पर वीडियो बनाकर अपलोड करनेवालों के लिए एक फायदे का सौदा बनता जा रहा है। फोर्ब्स मैगजीन के मुताबिक 26 वर्षीय फेलक्स क्लेजबर्ग सिर्फ अपने यू-ट्यूब चैनल पीडीपाई के जरिए अरबों की कमाई करते हैं। इसके बाद नंबर आता है, रोमन अटवुड चैनल का। इस चैनल को सब्सक्राइब करनेवालों की संख्या 1,01,55,036 के स्तर पर पहुँच गई है। रोमन अटवुड कई तरह के प्रैंक बनाकर चर्चा में रहते हैं। रोमन अटवुड की सालाना कमाई 54 करोड़ रुपए के स्तर पर पहुँच गई है।

सुपर वुमन का जलवा कायम

तीसरे नंबर पर भारतीय मूल की लिली सिंह हैं, जो 'सुपर वुमन' नाम से चैनल चलाती हैं। उनके चैनल को सब्सक्राइब करनेवालों की

संख्या 1,03,36,049 है। फोर्ब्स के मुताबिक उनकी कुल कमाई 50 करोड़ रुपए है। लिली सबसे ज्यादा कमाई करनेवाली महिला भी हैं, जो यू-ट्यूब के जरिए इतनी कमाई करती हैं। इसके बाद नंबर आता है कॉमेडियन इयान और एंथनी का। इनके चैनल को सब्सक्राइब करनेवालों की संख्या 53,39,808 है। अपनी कॉमेडी के जरिए ये दोनों करीब 47 करोड़ रुपए की कमाई यू-ट्यूब के जरिए कर लेते हैं। ये दोनों फिल्मों के निर्माण में भी जुटे हुए हैं।

तीसरे नंबर पर भारतीय मूल की लिली सिंह हैं, जो 'सुपर वुमन' नाम से चैनल चलाती हैं। उनके चैनल को सब्सक्राइब करनेवालों की संख्या 1,03,36,049 है। फोर्ब्स के मुताबिक उनकी कुल कमाई 50 करोड़ रुपए है।

टेलर ओकली कमाई के मामले में पाँचवें नंबर पर हैं। टेलर ओकली के यू-ट्यूब चैनल को सब्सक्राइब करनेवालों की संख्या 80,86,885 है। वे अपने टॉक शो के जरिए 40 करोड़ रुपए तक कमा लेते हैं।

क्या आप भी यू-ट्यूब के जरिए रुपए कमाना चाहते हैं, तो आइए, हम आपको बताते हैं कि कैसे आप अपना यू-ट्यूब चैनल बनाकर खुद की एक पहचान बना सकते हैं। हर यू-ट्यूब खाता एक चैनल अटैच होता है। आप अपने जी-मेल खाते के जरिए भी अपना यू-ट्यूब चैनल बना सकते हैं। इस यू-ट्यूब खाते को आप गूगल ड्राइव के जरिए भी एक्सेस कर सकते हैं। खुद का यू-ट्यूब चैनल बनाने के बाद कुछ ऐसे की-वर्ड्स डालने होंगे, जिन्हें सर्च करने पर आपका यू-ट्यूब चैनल आसानी से लोग खोज सकें।

ओरिजनल कंटेंट अपलोड कीजिए

यू-ट्यूब चैनल के जरिए आप तभी रुपए कमाने में कामयाब होंगे, जब आपका चैनल खुद का क्रिएट किया हुआ और लोगों को इंगेज

करनेवाला कंटेंट हो। इस ओरिजनल कंटेंट को यू-ट्यूब पर अपलोड करने के साथ ही इस वीडियो की क्वालिटी को भी तय किया जा सकता है। वीडियो कंटेंट का साइज भी निर्भर करता है। यूजर्स को ऐसा कंटेंट चाहिए होता है, जो सबसे कम इंटरनेट डाटा की खपत करे, साथ ही विज्ञापन पाने के लिए चैनल पर कंटेंट लगातार अपडेट होता रहना चाहिए। हर वीडियो के लिए स्पेशल की-वर्ड्स को ही चुनें, साथ ही ट्रेंडिंग टॉपिक और नए वीडियो को भी ध्यान में रखें।

अपने यू-ट्यूब वीडियो से कैसे पैसा कमाएँ

अगर आपका यू-ट्यूब चैनल ज्यादा-से-ज्यादा लोगों का ध्यान अपनी तरफ आकर्षित कर रहा है और इस पर ज्यादा पेज व्यूज मिल रहे हैं तो आपको इसके जरिए रुपए कमाने के लिए वीडियो को जल्द-से-जल्द मॉनिटाइज करना होगा। वीडियो मॉनिटाइजेशन का सीधा सा अर्थ है कि आपके वीडियो में गूगल अपने विज्ञापन चला सके।

इसके लिए आपको अपने यू-ट्यूब चैनल के डैशबोर्ड पर जाना होगा। यहाँ से मॉनिटाइजेशन बॉक्स पर क्लिक करना होगा। इसके अलावा दूसरा विकल्प यह होता है कि आप वहाँ से मॉनिटाइजेशन नहीं कर पा रहे हैं तो चैनल सेटिंग्स पर जाएँ।

यू-ट्यूब वीडियो का मॉनिटाइजेशन

इसके लिए आपको अपने यू-ट्यूब चैनल के डैशबोर्ड पर जाना होगा। यहाँ से मॉनिटाइजेशन बॉक्स पर क्लिक करना होगा। इसके अलावा दूसरा विकल्प यह होता है कि आप वहाँ से मॉनिटाइजेशन नहीं कर पा रहे हैं तो चैनल सेटिंग्स पर जाएँ। चैनल सेटिंग पर जाकर मॉनिटाइजेशन टैब पर क्लिक करें। इसके बाद मॉनिटाइज विद एड बॉक्स पर क्लिक करना होगा।

यू-ट्यूब का मेल देगा खुशखबरी

जिस यू-ट्यूब चैनल पर आप वीडियो अपलोड कर रहे हैं, अगर आपके चैनल के किसी वीडियो को बहुत ज्यादा व्यूज मिलते हैं तो यू-ट्यूब की तरफ से एक मेल आएगा। यकीनन आपके लिए खुशी की बात है। इस मेल में यू-ट्यूब में जिस वीडियो का नाम होगा, उस वीडियो को अपलोड करने के लिए कंपनी आपको पैसे देगी, लेकिन यह सिर्फ एक वीडियो के लिए ही होगा। विज्ञापन पाने के लिए हर वीडियो को अलग-अलग मॉनिटाइज करना होगा।

> ***यह खबर उन दोनों यूजर्स के लिए है, जिनके खुद के यू-ट्यूब चैनल हैं या जो यू-ट्यूब पर अपने पसंदीदा वीडियो को देखते हैं। मान लीजिए, आप यू-ट्यूब पर अपना चैनल चलाते हैं और ठीक-ठाक सब्सक्राइबर होने पर कुछ पैसे भी कमाते हैं"***

यह खबर उन दोनों यूजर्स के लिए है, जिनके खुद के यू-ट्यूब चैनल हैं या जो यू-ट्यूब पर अपने पसंदीदा वीडियो को देखते हैं। मान लीजिए, आप यू-ट्यूब पर अपना चैनल चलाते हैं और ठीक-ठाक सब्सक्राइबर होने पर कुछ पैसे भी कमाते हैं, तो ये तो जानते ही होंगे कि अकसर यू-ट्यूब द्वारा वीडियो बनानेवाले यूजर्स को ठीक-ठाक पैसे नहीं देने पर आलोचना का सामना करना पड़ता है, इसलिए यू-ट्यूब ने यू-ट्यूब चैनल्सवालों को नए तरीके से पैसे कमाने का विकल्प दिया है। अब यू-ट्यूब चैनल अपने सब्सक्राइबर और व्यूवर्स से पैसे भी ले सकेंगे।

पेड मेंबरशिप

यू-ट्यूब ने चैनलवालों के लिए पेड मेंबरशिप का नया ऑप्शन पेश किया है। इसके तहत, यू-ट्यूबर्स विज्ञापनों के अलावा अपने व्यूवर्स को मेंबरशिप बेचकर भी कमाई कर सकेंगे। हालाँकि यह सुविधा यू-ट्यूब

वीडियो देखनेवालों के पक्ष में नहीं है, क्योंकि उन्हें वीडियो देखने से पहले पैसे देने पड़ सकते हैं। ऐसे चैनल, जिनके 1,00,000 से अधिक सब्सक्राइबर्स हैं, वे चैनल मेंबरशिप का पेड सब्सक्रिप्शन शुरू कर सकते हैं, जिसके बाद वीडियो देखनेवाले व्यूवर्स द्वारा मेंबरशिप के लिए चैनल्स को 4.99 डॉलर प्रति महीने भुगतान करने होंगे।

उदाहरण के तौर पर अगर आपको किसी यू-ट्यूब चैनल के सभी वीडियो पसंद आते हैं और आपने उस चैनल को सब्सक्राइब किया है तो वह चैनल आपसे 'चैनल मेंबरशिप' लेने के लिए कह सकता है। इस दौरान अगर आप चैनल को पैसे देते हैं तो वीडियो देख पाएँगे और नहीं देने पर आप उस चैनल के वीडियो को नहीं देख पाएँगे। वीडियो बनानेवाले चैनल्स शर्ट या फोन के कवर जैसी वस्तुएँ भी अपने चैनल पर बेच सकते हैं।

उदाहरण के तौर पर अगर आपको किसी यू-ट्यूब चैनल के सभी वीडियो पसंद आते हैं और आपने उस चैनल को सब्सक्राइब किया है तो वह चैनल आपसे 'चैनल मेंबरशिप' लेने के लिए कह सकता है। इस दौरान अगर आप चैनल को पैसे देते हैं तो वीडियो देख पाएँगे और नहीं देने पर आप उस चैनल के वीडियो को नहीं देख पाएँगे।

अपने टैलेंट को पहचानें

यू-ट्यूब पर अपना चैनल बेहतर तरीके से चला रहे एक कंटेंट क्रिएटर के मुताबिक इंटरनेट, कैमकॉर्डर और एडिटिंग की बेसिक जानकारी के अलावा सबसे जरूरी यह है कि आप अपने टैलेंट को पहचानें। आपको यह निर्धारित करना होगा कि आप किस प्रकार का वीडियो ऑनलाइन डालना चाहते हैं। एक बार निर्धारित होने के बाद आप यू-ट्यूब पर अपना चैनल बनाएँ।

4,000 घंटे वॉचटाइम

यू-ट्यूब ने अब अपनी पॉलिसी में बदलाव कर दिया है। पहले यू-ट्यूब पर कमाई के लिए न्यूनतम 10 हजार व्यूज चाहिए होते थे, लेकिन नई पॉलिसी के तहत अब पिछले 12 महीनों में आपके चैनल पर वीडियोज कम-से-कम 4 हजार घंटे तक प्ले होने चाहिए। इसके अलावा, आपके कम-से-कम 1 हजार सब्सक्राइबर्स होने चाहिए। इन दोनों मानकों को पूरा करने के बाद ही आप यू-ट्यूब के जरिए कमाई के योग्य होंगे।

यू-ट्यूब ने अब अपनी पॉलिसी में बदलाव कर दिया है। पहले यू-ट्यूब पर कमाई के लिए न्यूनतम 10 हजार व्यूज चाहिए होते थे, लेकिन नई पॉलिसी के तहत अब पिछले 12 महीनों में आपके चैनल पर वीडियोज कम-से-कम 4 हजार घंटे तक प्ले होने चाहिए।

45:55 के रेशियो में यू-ट्यूब बाँटता है मुनाफा

यू-ट्यूब से जो भी कमाई होती है, उसका 45 फीसदी हिस्सा यू-ट्यूब के पास जाता है और शेष 55 फीसदी आपके पास आएगा। यह कमाई आपके चैनल पर आ रहे विज्ञापनों के जरिए होती है। ये विज्ञापन आपको तब मिलते हैं, जब आपके चैनल की व्यूअरशिप बढ़ती है।

मार्केटिंग के जरिए भी कमाई

यू-ट्यूब पर सिर्फ विज्ञापनों के जरिए ही कमाई नहीं होती। इसके अलावा एक और तरीका है, जिससे आप कमाई कर सकते हैं। अगर आपके चैनल की व्यूअरशिप बेहतर हो गई है और सब्सक्राइबर्स की संख्या अधिक है तो आप किसी भी कंपनी या शख्स की मार्केटिंग कर भी कमाई कर सकते हैं। इसके तहत आप किसी भी उत्पाद या सेवा के डिस्क्रिप्शन बॉक्स में अपने चैनल पर एक वीडियो का लिंक पेस्ट

करेंगे। इस वीडियो में उत्पाद या सेवा से जुड़ी जानकारी होगी। अगर कोई विजिटर उस लिंक के जरिए आपके चैनल पर पहुँचता है तो इससे आपकी कमाई होगी।

आज यू-ट्यूब दुनिया की सबसे बड़ी ऑनलाइन वीडियो साइट बन चुका है। अगर हमें कोई भी वीडियो देखना हो तो हम सबसे पहले यू-ट्यूब पर ही आते हैं। इसकी पहुँच आज हर व्यक्ति तक है। यह एक ऐसी वीडियो साइट है, जिसमें लोग अपने मजे के वीडियोज का आनंद ले सकते हैं।

आज यू-ट्यूब दुनिया की सबसे बड़ी ऑनलाइन वीडियो साइट बन चुका है। अगर हमें कोई भी वीडियो देखना हो तो हम सबसे पहले यू-ट्यूब पर ही आते हैं। इसकी पहुँच आज हर व्यक्ति तक है। यह एक ऐसी वीडियो साइट है, जिसमें लोग अपने मजे के वीडियोज का आनंद ले सकते हैं।

इसकी शुरुआत एक खास दिन—14 फरवरी, यानी कि वैलेंटाइन-डे के खास मौके पर 2005 में हुई थी। खास बात यह है कि वीडियो साइट बनने से पहले यू-ट्यूब एक डेटिंग साइट थी। इसे दुनिया में लाने में चाड हर्ले, स्टीव चेन और जावेद करीम का हाथ है। इससे पहले तीनों ही पेपैल में काम किया करते थे। यू-ट्यूब की स्थापना के डेढ़ साल बाद दिग्गज सर्च इंजन कंपनी गूगल ने इसे 165 करोड़ डॉलर में खरीद लिया। यह उस समय की सबसे बड़ी ऑनलाइन डील भी साबित हुई।

इस पर हर एक मिनट में 100 घंटे से भी ज्यादा समय के वीडियो अपलोड होते हैं। 24 घंटे में यानी कि हर दिन इस पर एक अरब घंटे के बराबर वीडियोज देखे जाते हैं। गूगल और फेसबुक के बाद यू-ट्यूब वर्ल्ड की सबसे बड़ी वेबसाइट है और यह गूगल के बाद विश्व का दूसरा बड़ा सर्च इंजन है।

- इस वेबसाइट पर प्रतिदिन 1.3 अरब लोग हर रोज वीडियो देखते हैं।
- यू-ट्यूब पर प्रतिदिन पाँच अरब वीडियो देखे जाते हैं।
- यू-ट्यूब पर अपलोड किया गया सबसे पहला वीडियो 'मी एट द जू' है, जिसमें इसके सह-संस्थापक जावेद करीम सैन डिएगो के चिड़ियाघर में दिखाए गए हैं। यह वीडियो 23 अप्रैल, 2005 को अपलोड किया गया था।
- विश्व की इस सबसे बड़ी वीडियो शेयरिंग वेबसाइट पर लगभग 38 प्रतिशत महिला यूजर हैं, बाकी के 62 प्रतिशत पुरुष यूजर हैं।
- यू-ट्यूब वेबसाइट पर लोग रोज औसतन 40 मिनट बिताते हैं।
- यू-ट्यूब पर सबसे बड़ा चैनल पीडीपाई है, जिसके 5,54,00,000 सब्सक्राइबर हैं।
- भारत का सबसे बड़ा चैनल टी सीरीज है, जिसके 2,44,65,720 सब्सक्राइबर हैं।
- यू-ट्यूब पर पीएसवाई गंगनम स्टाइल वीडियो को सबसे अधिक लगभग 2.86 अरब बार देखा जा चुका है।
- यू-ट्यूब 89 देशों में और 76 भाषाओं में उपलब्ध है।
- साल 2015 में इसकी कमाई 8.5 बिलियन अमेरिकी डॉलर थी, जो साल 2020 तक बढ़कर अनुमानित 27.4 बिलियन अमेरिकी डॉलर हो जाएगी।
- यू-ट्यूब वेबसाइट का डोमेन 14 फरवरी, 2005 को एक्टिव हो गया था, लेकिन वेबसाइट को बाद के दिनों में डेवलप किया गया।

सबसे बड़ी वीडियो शेयरिंग वेबसाइट

यू-ट्यूब दुनिया की सबसे बड़ी वीडियो शेयरिंग वेबसाइट है, जहाँ पर आप अपना वीडियो बनाकर या किसी भी विषय से संबंधित वीडियो बनाकर अपलोड कर सकते हैं और इतना ही नहीं, आप इन वीडियो से पैसे भी कमा सकते हैं, लेकिन जब यू-ट्यूब बनाया गया था, उस समय ऐसा कुछ भी नहीं सोचा गया था कि इस ने वीडियो को अपलोड करके पैसे भी कमाए जाएँगे। यू-ट्यूब आने से पहले भी कुछ वेबसाइटें थीं, जिन पर आप वीडियो अपलोड कर सकते थे, लेकिन यू-ट्यूब पर वीडियो अपलोड करके शेयरिंग का एक अलग ही प्लेटफॉर्म लोगों को दिया, जिसके कारण आज यू-ट्यूब इतना लोकप्रिय हो गया है। यू-ट्यूब ही नहीं, इंटरनेट पर ऐसी और भी बहुत सारी वेबसाइटें हैं, जो कि किसी-न-किसी विषय से संबंधित प्रसिद्ध हो गई हैं, जैसे कि फेसबुक, गूगल, ट्विटर इत्यादि।

> *यू-ट्यूब दुनिया की सबसे बड़ी वीडियो शेयरिंग वेबसाइट है, जहाँ पर आप अपना वीडियो बनाकर या किसी भी विषय से संबंधित वीडियो बनाकर अपलोड कर सकते हैं और इतना ही नहीं, आप इन वीडियो से पैसे भी कमा सकते हैं...*

इन वेबसाइटों में यू-ट्यूब ही एक ऐसी वेबसाइट है, जिसका इस्तेमाल आज की दुनिया में सबसे ज्यादा हो रहा है। आज लोग सबसे ज्यादा वीडियोज, मूवीज, वीडियो सॉन्ग, फनी वीडियो यू-ट्यूब पर ही देखते हैं।

यू-ट्यूब का इतिहास और निर्माण

सबसे पहले इंटरनेट वर्ष 1990 में अस्तित्व में आया और 1991 में पहली बार इंटरनेट पर कोई वेबसाइट चलाई गई और इससे पहले सबसे पहली बार इंटरनेट पर सर्च इंजन को 1990 में लगाया गया और वहाँ से इंटरनेट पर लोगों ने कुछ भी चीज को सर्च करना शुरू किया।

जब सर्च इंजन लगाया गया तो उसके बाद ही लोग कुछ-न-कुछ चीजें इसके ऊपर सर्च करने लगे और इंटरनेट के बारे में जानकारी लोगों को होने लगी। फिर उसके बाद 1998 में गूगल कंपनी ने अपना सर्च इंजन बनाया और फिर उसके बाद लोगों को किसी भी जानकारी को प्राप्त करने के लिए ज्यादा कठिनाई का सामना नहीं करना पड़ा और गूगल के सर्च इंजन के आने के बाद लोगों को जानकारी प्राप्त करना बहुत ही आसान हो गया।

1998 में जब गूगल कंपनी द्वारा सर्च इंजन लाया गया था, उसी समय में पेपैल का भी आविष्कार हुआ और इसमें चाड हर्ले, जावेद करीम, स्टीव चेन कंपनी के एंप्लॉइज थे। इन तीनों ने मिलकर एक ऑनलाइन डेटिंग वेबसाइट डेवलप की और एक़ कंपनी शुरू की। उस कंपनी का नाम था 'ट्यून इन हुकअप'। इस वेबसाइट का मतलब यह था कि कोई भी यूजर अपना खुद का वीडियो इंटरनेट पर अपलोड कर सकता था। इन वीडियो को देखकर अन्य यूजर यह निर्णय करते थे कि उसे हुकअप करना या नहीं करना है, लेकिन उनका यह आइडिया बिल्कुल फेल हो गया। यह तरीका सही से काम नहीं कर पाया।

1998 में जब गूगल कंपनी द्वारा सर्च इंजन लाया गया था, उसी समय में पेपैल का भी आविष्कार हुआ और इसमें चाड हर्ले, जावेद करीम, स्टीव चेन कंपनी के एंप्लॉइज थे। इन तीनों ने मिलकर एक ऑनलाइन डेटिंग वेबसाइट डेवलप की और एक कंपनी शुरू की।

तीनों का पहला तरीका फेल हो जाने के बाद इन्होंने 2005 में सोचा कि इंटरनेट पर कोई ऐसी वेबसाइट नहीं है, जो कि वीडियो शेयरिंग वेबसाइट हो, क्योंकि जावेद करीम ने देखा कि 2004 में सुपर बॉल इंसिडेंट में हुए ज़ैनेट जैकसन और इंडियन ओसियन सुनामी के वीडियो को इंटरनेट पर देखना बहुत मुश्किल था, इसलिए इन्हीं कठिनाई

के कारण इन तीनों ने सोचा कि कुछ ऐसी चीज बनाई जाए, जिससे कि इंटरनेट पर न सिर्फ वीडियो आसानी से देखा जाए, बल्कि उस पर किसी भी तरह के वीडियो को बहुत आसानी से सर्च भी किया जाए और बस इसी कठिनाई के चलते इन तीनों ने वीडियो शेयरिंग वेबसाइट यू-ट्यूब बनाई।

सितंबर 2005 में यू-ट्यूब पर नाइक एड एक मिलियन व्यू पर पहुँचवाला पहला वीडियो बना। नवंबर 2005 में शिकूया कैपिटल ने 3.5 मिलियन का पहला फंड-इन किया। दिसंबर 2005 में यू-ट्यूब आधिकारिक रूप से लॉञ्च कर दिया गया।

यू-ट्यूब की यात्रा

यू-ट्यूब की सबसे पहली शुरुआत 14 फरवरी, 2005 को की गई और सबसे पहले 23 अप्रैल, 2005 को यूजर्स के लिए बीटा वर्जन यू-ट्यूब पर 18 सेकंड का वीडियो बनाया गया और इस वीडियो का नाम 'मी एट द जू' था। यह वीडियो आज भी जावेद करीम के यू-ट्यूब अकाउंट पर उपलब्ध है। इसी वीडियो पर सबसे पहला कमेंट आया था।

सितंबर 2005 में यू-ट्यूब पर नाइक एड एक मिलियन व्यू पर पहुँचवाला पहला वीडियो बना। नवंबर 2005 में शिकूया कैपिटल ने 3.5 मिलियन का पहला फंड-इन किया। दिसंबर 2005 में यू-ट्यूब आधिकारिक रूप से लॉञ्च कर दिया गया। इंटरनेट पर गूगल ने यू-ट्यूब की बढ़ती लोकप्रियता को देखते हुए 2006 में 1.65 मिलियन यू.एस. डॉलर में इसे खरीद लिया। उस समय यू-ट्यूब के लगभग 67 एंप्लॉई थे, जिन्होंने यू-ट्यूब के बाद गूगल में काम करना शुरू कर दिया। मई 2007 में यू-ट्यूब ने पार्टनर प्रोग्राम को लॉञ्च किया, जिसका इस्तेमाल करके यू-ट्यूब पर क्रिएटर्स अपना टैलेंट, हिम्मत और हुनर दिखाकर पैसा कमाना शुरू कर सकते थे। जुलाई 2007 में यू-ट्यूब ने सी.एन.एन.

के साथ मिलकर यू.एस. प्रेसिडेंशियल डिबेट को होस्ट किया।

2009 में वीवो म्यूजिक वीडियो सर्विस शुरू की गई और 2010 में मूवी रेंटल सर्विस शुरू की गई। 2010 में बहुत से वीडियो ऐसे थे, जो बहुत ज्यादा लोकप्रिय होने लगे। 2012 में जब लंदन में ओलंपिक खेल हुए थे, उन सभी खेलों की यू-ट्यूब ने लाइव स्ट्रीम भी दिखाई और 2012 के ओलंपिक खेलों के प्रचार-प्रसार में भी यू-ट्यूब का बहुत बड़ा हाथ रहा। 2012 में ही गंगनम स्टाइल सॉन्ग वीडियो ने बिलियन व्यू को रीच किया। यू-ट्यूब वीडियो रिकॉर्डर 32 बिट इन्टिजर तक ही बनाया गया था। गंगनम स्टाइल सॉन्ग के बाद व्यू को 64 बिट इन्टिजर बनाया गया।

2009 में वीवो म्यूजिक वीडियो सर्विस शुरू की गई और 2010 में मूवी रेंटल सर्विस शुरू की गई। 2010 में बहुत से वीडियो ऐसे थे, जो बहुत ज्यादा लोकप्रिय होने लगे। 2012 में जब लंदन में ओलंपिक खेल हुए थे, उन सभी खेलों की यू-ट्यूब ने लाइव स्ट्रीम भी दिखाई और 2012 के ओलंपिक खेलों के प्रचार-प्रसार में भी यू-ट्यूब का बहुत बड़ा हाथ रहा।

शुरू में यू-ट्यूब को देखने के लिए अडोब फ्लैश प्लेयर सॉफ्टवेयर को इंस्टॉल करना पड़ता था। उसके बाद ही यू-ट्यूब देख सकते थे, लेकिन 2015 में यू-ट्यूब ने एच.टी.एम.एल.5 वीडियो प्लेबैक सेवा को शुरू किया, जिसके कारण यूजर को अलग से फ्लैश प्लेयर इंस्टॉल करने की जरूरत नहीं होती थी। इसी तरह समय के साथ-साथ यू-ट्यूब बदलता गया और वीडियो क्वालिटी में बहुत से बदलाव कर दिए—3डी वीडियो, 360 डिग्री वीडियो और यू-ट्यूब रेड, यू-ट्यूब टी.वी. जैसे फीचर इसके अंदर लगा दिए गए।

विज्ञापन से कमाई

यू-ट्यूब की कमाई उसके विज्ञापनों से होती है, जब भी क्रिएटर्स

अपने वीडियो अपलोड करते हैं तो उन वीडियो पर वे अपने विज्ञापन लगाते हैं और उन विज्ञापनों द्वारा ही कमाई होती है। यू-ट्यूब आज भी अपने यूजर्स को बढ़िया -से-बढ़िया और अच्छी-से-अच्छी सर्विस उपलब्ध कराने की कोशिश कर रहा है। आनेवाले समय में यू-ट्यूब में और भी बढ़िया फीचर हमें देखने को मिल सकते हैं और यू-ट्यूब दिन-प्रतिदिन बहुत ही लोकप्रिय होता जा रहा है और अब यू-ट्यूब पर किसी भी वीडियो या किसी भी चीज को देखने के लिए ज्यादा कठिनाई नहीं होती है।

यू-ट्यूब अपने पंजीकृत सदस्यों को वीडियो अपलोड करने, देखने, शेयर करने, पसंदीदा वीडियो के रूप में जोड़ने, रिपोर्ट करने, टिप्पणी करने और दूसरे सदस्यों के चैनल की सदस्यता लेने देता है। इसमें सदस्यों से लेकर कई बड़ी कंपनियों के वीडियो मौजूद रहते हैं। इनमें वीडियो क्लिप, टी.वी. कार्यक्रम, संगीत वीडियो, फिल्मों के ट्रेलर, लाइव स्ट्रीम आदि होते हैं। कुछ लोग इसे वीडियो ब्लॉगिंग के रूप में भी इस्तेमाल करते हैं। गैर-पंजीकृत सदस्य केवल वीडियो देख ही सकते हैं, वहीं पंजीकृत सदस्य असीमित वीडियो अपलोड कर सकते हैं और वीडियो में टिप्पणी भी जोड़ सकते हैं। कुछ ऐसे वीडियो, जिसमें मानहानि, उत्पीड़न, नग्नता, अपराध करने हेतु प्रेरित करनेवाले वीडियो या जो भी 18 वर्ष से कम आयु के लोगों के लिए घातक हों, उन्हें सिर्फ 18+ आयु के पंजीकृत सदस्य ही देख सकते हैं।

यू-ट्यूब अपने पंजीकृत सदस्यों को वीडियो अपलोड करने, देखने, शेयर करने, पसंदीदा वीडियो के रूप में जोड़ने, रिपोर्ट करने, टिप्पणी करने और दूसरे सदस्यों के चैनल की सदस्यता लेने देता है। इसमें सदस्यों से लेकर कई बड़ी कंपनियों के वीडियो मौजूद रहते हैं।

यू-ट्यूब अपनी कमाई गूगल एडसेंस से करता है, जो साइट की सामग्री और दर्शकों के हिसाब से अपना विज्ञापन देता है। इसमें

अधिकांश वीडियो मुफ्त में देखे जा सकते हैं, पर कुछ वीडियो को देखने के लिए पैसे देने पड़ते हैं। इनमें से फिल्में उधार लेकर देखना भी शामिल है, जिसमें आप कुछ पैसे देकर फिल्म देख सकते हैं। यू-ट्यूब प्रीमियम की सदस्यता भी आप पैसे देकर ले सकते हैं, जिससे आप बिना कोई विज्ञापन के कई सारे वीडियो देख सकते हैं और साथ ही यू-ट्यूब प्रीमियम पर कुछ ऐसे वीडियो भी हैं, जिन्हें सिर्फ आप यू-ट्यूब प्रीमियम की सदस्यता खरीदकर ही देख सकते हैं।

यू-ट्यूब से दौलत और शोहरत कमानेवालों की अब कमी नहीं रह गई है। कौन सी चीज दर्शकों को भा जाए, कुछ नहीं पता। बहुतेरे उदाहरण हैं, जिन्हें शुरुआत में काफी मुश्किलें आईं, लेकिन बाद में इन्हें इस माध्यम के जरिए लोगों ने हाथोहाथ लिया।

खाना बनाने की टिप्स से लेकर गीत-संगीत, फिल्म, मर्ज दूर करने के नुस्खों तक यहाँ सबकुछ मिलता है। शायद ही कुछ ऐसा हो, जो आप खोजें और यू-ट्यूब पर उसका जवाब न मिल पाए।

□

यू-ट्यूब चैनल बनाएँ और करोड़ों कमाएँ

गूगल अकाउंट से आप वीडियो देख सकते हैं, पसंद कर सकते हैं और चैनल के सदस्य बन सकते हैं। हालाँकि यू-ट्यूब चैनल के बिना यू-ट्यूब पर आपकी कोई पहचान नहीं होती। भले ही आपके पास एक गूगल अकाउंट है, लेकिन वीडियो और टिप्पणियाँ अपलोड करने या वीडियो सूची बनाने के लिए आपको एक यू-ट्यूब चैनल बनाना होगा। एक नया चैनल बनाने के लिए आप कंप्यूटर या यू-ट्यूब मोबाइल साइट का इस्तेमाल कर सकते हैं।

- किसी कंप्यूटर पर या मोबाइल साइट का इस्तेमाल करके यू-ट्यूब में साइन-इन करें।
- चैनल के लिए जरूरी काम करें, जैसे कि वीडियो अपलोड करना, टिप्पणी करना या वीडियो सूची बनाना।
- अगर आपके पास अभी कोई चैनल नहीं है तो आपको चैनल बनाने का संकेत दिखाई देगा।
- देख लें कि चैनल बनाने के लिए दी गई जानकारी सही हो (आपका गूगल अकाउंट नाम और फोटो के साथ) और अपना नया चैनल बनाने की पुष्टि करें।

व्यावसायिक नाम से चैनल

ऐसा चैनल बनाने के लिए इन निर्देशों का पालन करें, जिसके एक

से ज्यादा प्रबंधक या मालिक हो सकते हैं। आप ऐसा चैनल बनाने के लिए ब्रैंड खाते का इस्तेमाल कर सकते हैं, जिसका एक अलग नाम हो, लेकिन जिसे अभी भी आपके गूगल खाते से ही प्रबंधित किया जाए।

- किसी कंप्यूटर या मोबाइल साइट का इस्तेमाल करके यू-ट्यूब में साइन-इन करें।
- अपनी चैनल सूची पर जाएँ।
- एक नया चैनल बनाना चुनें या किसी मौजूदा ब्रैंड खाते का इस्तेमाल करें।
- 'नया चैनल बनाएँ' क्लिक करके एक नया चैनल बनाएँ।
- सूची में से ब्रैंड खाते को चुनकर, उस ब्रैंड खाते के लिए एक यू-ट्यूब चैनल बनाएँ, जिसे आप पहले से प्रबंधित करते आ रहे हैं। अगर इस ब्रैंड खाते का चैनल पहले से है, तो आप नया चैनल नहीं बना सकते। अगर आप सूची में से ब्रैंड अकाउंट चुनते हैं तो आप सिर्फ उस चैनल पर स्विच कर सकते हैं।
- अपने चैनल को नाम देने के लिए जानकारी भरें और अपने खाते की पुष्टि करें। फिर, 'हो गया' क्लिक करें। इससे एक नया ब्रैंड अकाउंट बन जाता है।
- चैनल प्रबंधक जोड़ने के लिए, चैनल के मालिकों और प्रबंधकों को बदलने के निर्देशों का पालन करें।

चैनल बनाना

यू-ट्यूब पर जाएँ और अपने गूगल अकाउंट के साथ लॉग-इन करें। एक बार लॉग-इन करने के बाद, आपको बाएँ मेनू के शीर्ष पर अपना नाम या यूजरनेम दिखाई देगा। अपना यूजर पेज ऐक्सेस करने के लिए इस पर क्लिक करें।

चैनल के लिए एक कलाकृति अपलोड करें। यह वह तसवीर है,

जो आपके चैनल पेज के शीर्ष पर दिखाई जाती है। यू-ट्यूब आपको कुछ उदाहरण दिखाएगा कि वेबसाइट से उस तसवीर को एक टी.वी. पर और एक मोबाइल डिवाइस पर कैसे प्रदर्शित किया जाएगा।

- ऐसी कलाकृति का उपयोग करें, जो आपके दर्शकों का ध्यान आकर्षित कर सके। आपके कवर की तसवीर आपके चैनल को यू-ट्यूब के इंटरफेस से अलग दिखाएगी।
- अपने चैनल की कलाकृति में अपना नाम या एक संदेश शामिल करें। ऐसा करने से आपका नाम दर्शक को याद रहेगा।
- नियमित रूप से अपने चैनल की कलाकृति बदलें। यदि आप एक ही तसवीर रखकर एक ब्रैंड की छवि को स्थापित करना चाहते हैं तो आपको कलाकृति बदलने की जरूरत नहीं है, हालाँकि यदि आप ऐसा नहीं करना चाहते हैं तो आपको अपने चैनल पर पोस्ट की गई सामग्री के आधार पर अपनी कलाकृति को नियमित रूप से बदलते रहना चाहिए। उदाहरण के लिए, यदि आप कॉमेडी की वीडियो अपलोड कर रहे हैं तो अपने चैनल की कलाकृति को बदलें, ताकि वह कॉमेडी के विषय के अनुसार हो।

नियमित रूप से अपने चैनल की कलाकृति बदलें। यदि आप एक ही तसवीर रखकर एक ब्रैंड की छवि को स्थापित करना चाहते हैं तो आपको कलाकृति बदलने की जरूरत नहीं है, हालाँकि यदि आप ऐसा नहीं करना चाहते हैं तो आपको अपने चैनल पर पोस्ट की गई सामग्री के आधार पर अपनी कलाकृति को नियमित रूप से बदलते रहना चाहिए।

अपने चैनल का वर्णन करें

अपने चैनल के लिए एक संक्षिप्त विवरण लिखें, ताकि दर्शक जान सकें किं आप किस प्रकार का वीडियो अपलोड करेंगे। चैनल वर्णन को समायोजित करने के लिए चैनल की मुख्य विंडो में अबाउट टैब पर क्लिक करें। फिर वहाँ बटन पर क्लिक करें।

अपने चैनल के लिए एक संक्षिप्त विवरण लिखें, ताकि दर्शक जान सकें कि आप किस प्रकार का वीडियो अपलोड करेंगे। चैनल वर्णन को समायोजित करने के लिए चैनल की मुख्य विंडो में अबाउट टैब पर क्लिक करें।

अपने चैनल को एक नाम दें

अपने चैनल का वर्णन देखें और विचार करें कि आप किस प्रकार का वीडियो अपलोड करना चाहते हैं।

यू-ट्यूब पर लोकप्रिय वीडियो की खोज

वीडियो अपलोड करने का पहला कदम यह तय करना है कि आप दुनिया के साथ क्या बाँटना चाहते हैं। लोग यू-ट्यूब का उपयोग कई तरह की चीजों के लिए करते हैं, जैसे कि गीत-संगीत के वीडियो देखना, हँसने के लिए कॉमेडी के वीडियो देखना, ट्यूटोरियल वीडियो से कुछ सीखना, इत्यादि। इस बारे में विचार करें कि आप दर्शकों को ऐसा क्या दिखा सकते हैं, जो उन्हें कोई और नहीं दिखा रहा है।

निर्धारित करें कि आपकी प्रतिभा क्या है

यदि आपके दोस्त कहते रहते हैं कि आप मजाकिया हैं तो कॉमेडी का वीडियो बनाने पर विचार करें। यदि आपको गाना पसंद है तो गाते हुए अपना एक वीडियो अपलोड करें। ऐसे वीडियो अपलोड करते रहें, जो आपके दर्शकों को आकर्षित करते रहें।

समीक्षाएँ करने पर विचार करें

समीक्षाएँ करना दर्शक हासिल करने का एक शानदार तरीका है, खासकर यदि आप एक ऐसी चीज की समीक्षा कर रहे हैं, जिसकी लोग खोज कर रहे हैं। कुछ खरीदने का निर्णय लेने से पहले लोग हमेशा एक उत्पाद या सेवा के बारे में एक अच्छी समीक्षा देखना चाहते हैं। समीक्षाएँ करने के लिए कई विषय हैं, जैसे कि—

- नई एलबमें
- नवीनतम उपकरण
- टी.वी. और फिल्में
- वीडियो गेम
- किताबें
- रेस्तराँ और अन्य खाद्य उत्पाद
- व्यवसाय

जितना संभव, उतना रिकॉर्ड

लगातार अपने दर्शकों के लिए और अधिक सामग्री बनाने का प्रयास करते रहें। ऐसा करने से न केवल दर्शकों की आपके चैनल में दिलचस्पी बनी रहेगी, बल्कि ऐसे आपको अपना हुनर विकसित करने में भी मदद मिलेगी।

बुनियादी तकनीकों पर काम

यदि आप कैमरे की तरफ बात कर रहे हैं तो सुनिश्चित करें कि कैमरा स्थिर हो और आप स्पष्ट रूप से और एक उपयुक्त ध्वनि में बोल रहे हैं। हो सकता है कि आप दुनिया का सबसे मजेदार वीडियो बना रहे हों, लेकिन यदि आप वीडियो में ठीक से दिखाई या सुनाई नहीं दे रहे हैं तो कोई भी आपके वीडियो को नहीं देखेगा।

वीडियो संपादन का अभ्यास

जल्दबाजी में बनाए गए एक खराब वीडियो की तुलना में एक अच्छी तरह से संपादित किया गया वीडियो दर्शकों पर अच्छा प्रभाव छोड़ेगा। अपने वीडियो एडिटिंग सॉफ्टवेयर को सीखने में कुछ समय बिताएँ। बुनियादी संपादित तकनीकों को सीखने के लिए ऑनलाइन ट्यूटोरियल देखें। ऑनलाइन कई मुफ्त और ओपन सोर्स वीडियो एडिटिंग सॉफ्टवेयर उपलब्ध हैं। इनमें से कई सॉफ्टवेयरों में वैसी ही सुविधाएँ होती हैं, ज़ैसी महँगे व्यावसायिक एडिटिंग सॉफ्टवेयर में होती हैं।

परिचय को सम्मोहक बनाएँ

ज्यादातर दर्शक पहले कुछ सेकंड में ही एक वीडियो का मूल्यांकन कर लेंगे। अपने परिचय को मनोरंजक और ज्ञानवर्धक बनाने का प्रयास करें। दर्शक जितने लंबे समय के लिए आपके वीडियो को देखेंगे, यू-ट्यूब आपके वीडियो को सर्च के परिणामों में उतना ही ऊपर ओहदा देगा।

जो वीडियो दर्शक देखने जा रहा है, उसका एक छोटा सा भाग दिखाएँ। सुनिश्चित करें कि आप शुरू से ही वीडियो के बीच में केंद्रित हों। दर्शकों से सीधे बात करें। वीडियो को खुद प्रस्तुत करें, संक्षेप में वीडियो के बारे में चर्चा करें। वीडियो के बारे में विस्तार से न बताएँ।

जो वीडियो दर्शक देखने जा रहा है, उसका एक छोटा सा भाग दिखाएँ। सुनिश्चित करें कि आप शुरू से ही वीडियो के बीच में केंद्रित हों। दर्शकों से सीधे बात करें। वीडियो को खुद प्रस्तुत करें, संक्षेप में वीडियो के बारे में चर्चा करें। वीडियो के बारे में विस्तार से न बताएँ।

यदि आपने एक ब्रैंड का निर्माण किया गया है, जैसे कि आपका नाम, या कोई धारावाहिक, जिसे आपने बनाया है, तो सुनिश्चित करें कि

आपके वीडियो की शुरुआत एक पेशेवर तरीके की हो।

एक वास्तविक वीडियो बनाते हुए, जैसे कि समीक्षाएँ या ट्यूटोरियल, सुनिश्चित करें कि शुरुआत से ही उस वीडियो का उद्देश्य स्पष्ट हो, नहीं तो दर्शक देखने के लिए किसी दूसरे वीडियो की खोज करेंगे।

प्रचार पर ध्यान दें

मीडिया लगातार साल भर, लगभग हर क्षेत्र की घटनाओं का प्रचार करता है। इन्हें 'इवेंट्स' कहा जाता है। विचार करें और यह निर्धारित करें कि आपके दर्शकों का ध्यान किस प्रकार के इवेंट्स आकर्षित कर सकते हैं।

आगामी इवेंट के लिए वीडियो बनाएँ। जैसे-जैसे उस इवेंट के लिए प्रत्याशा बढ़ेगी, अधिक-से-अधिक लोग उस इवेंट से जुड़ी सामग्री की खोज करेंगे। इवेंट के दौरान, उसके बारे में वीडियो बनाएँ। ये वीडियो उन दर्शकों के लिए उपयोगी होंगे, जो उस इवेंट का अनुभव नहीं कर सकते।

आगामी इवेंट के लिए वीडियो बनाएँ। जैसे-जैसे उस इवेंट के लिए प्रत्याशा बढ़ेगी, अधिक-से-अधिक लोग उस इवेंट से जुड़ी सामग्री की खोज करेंगे। इवेंट के दौरान, उसके बारे में वीडियो बनाएँ। ये वीडियो उन दर्शकों के लिए उपयोगी होंगे, जो उस इवेंट का अनुभव नहीं कर सकते।

इवेंट के बाद एक ऐसा वीडियो बनाएँ, जिसमें आप उस इवेंट का सारांश प्रस्तुत करें। इस वीडियो में इवेंट की सभी गतिविधियों का संक्षेप में विवरण दें और सभी उपलब्ध जानकारी का विश्लेषण करें। इस प्रक्रिया के दौरान अपने दर्शकों के साथ बातचीत करें, ताकि आपके चैनल के प्रति उनकी रुचि बनी रहे। बड़े इवेंट के दौरान, नए दर्शक पाने के लिए अपना वीडियो बनाने की मात्रा में वृद्धि करें। ज्यादा वीडियो से दर्शकों को यह प्रतीत होगा कि आप उस इवेंट को लेकर ज्ञानपूर्ण और जोशीले हैं।

एक कहानी बताएँ

चाहे वीडियो काल्पनिक या वास्तविक हो, लेकिन आपको हर वीडियो में एक कहानी बताने की जरूरत है। उसमें एक निश्चित शुरुआत, मध्य भाग और अंत होना चाहिए। एक कहानी हर वीडियो में होनी चाहिए, फिर चाहे वह फूलों की देखभाल पर एक ट्यूटोरियल हो, या फिर एक कॉमेडी वीडियो हो।

एक लंबे वीडियो को छोटे खंडों में विभाजित करें, ताकि वे खंड एक मुद्दे के विभिन्न पहलुओं पर ध्यान दें। ऐसा करने से दर्शकों के लिए वह विषय और अधिक स्पष्ट हो जाएगा।

एक लंबे वीडियो को छोटे खंडों में विभाजित करें, ताकि वे खंड एक मुद्दे के विभिन्न पहलुओं पर ध्यान दें। ऐसा करने से दर्शकों के लिए वह विषय और अधिक स्पष्ट हो जाएगा।

एनोटेशन का इस्तेमाल

ये आपके वीडियो स्ट्रीम में दिखाई देनेवाले टेक्स्ट के बक्से होते हैं। दर्शकों को अन्य वीडियो, चैनलों, बाहरी वेबसाइटों पर निर्देशित करने के लिए इनका प्रयोग करें।

- आप दर्शकों को अपने चैनल पर सब्सक्राइब करने के लिए एनोटेशन का उपयोग कर सकते हैं।
- दर्शकों को पुराने वीडियो से नए वीडियो पर निर्देशित करने के लिए एनोटेशन का प्रयोग करें।
- एनोटेशन लंबे वीडियो के लिए एक 'विषय-सूची' के रूप में कार्य कर सकता है, जिसकी मदद से आप दर्शकों को वीडियो एक विशिष्ट समय पर भेज सकते हैं।

सतत् परिवर्तन

यदि आपने नाटक के बल पर नाम कमाया है तो दर्शकों के साथ सीधे बात करने के लिए एक पूरा कथांश समर्पित करें, जिसमें आप टिप्पणियों से लोकप्रिय सवालों का जवाब दें और अपनी रचनात्मकता की प्रक्रिया पर चर्चा करें। ऐसे परदे के पीछेवाले वीडियो से आप अपने दर्शकों के साथ एक मजबूत रिश्ता बना पाएँगे और उन्हें यह दिखला पाएँगे कि उनकी वजह से आपके काम पर काफी प्रभाव पड़ता है।

यदि आप यह नियंत्रित करना चाहते हैं कि आपके वीडियो को कौन देख सकता है और कौन नहीं, तो प्राइवेसी ड्रॉप डाउन मेनू पर क्लिक करें और प्राइवेट का चयन करें। फिर आप उन यू-ट्यूब के उपयोगकर्ताओं का नाम या इ-मेल एड्रेस टाइप कर सकते हैं, जिन्हें आप वह वीडियो दिखाना चाहते हैं। आप हर वीडियो के लिए 50 निजी निमंत्रण भेज सकते हैं।

यदि आप यह नियंत्रित करना चाहते हैं कि आपके वीडियो को कौन देख सकता है और कौन नहीं, तो प्राइवेसी ड्रॉप डाउन मेनू पर क्लिक करें और प्राइवेट का चयन करें। फिर आप उन यू-ट्यूब के उपयोगकर्ताओं का नाम या इ-मेल एड्रेस टाइप कर सकते हैं, जिन्हें आप वह वीडियो दिखाना चाहते हैं। आप हर वीडियो के लिए 50 निजी निमंत्रण भेज सकते हैं।

यदि आप 15 मिनट से ज्यादा अवधि का वीडियो अपलोड करना चाहते हैं, तो आपको गूगल के साथ अपना अकाउंट सत्यापित करने की आवश्यकता होगी।

रचनात्मक टैग्स

अपने वीडियो को टैग करने से आपके वीडियो खोज के परिणामों

में उन दर्शकों को दिखाया जाएगा, जो उसकी खोज करेंगे। सुनिश्चित करें कि आपके टैग वीडियो से संबंधित हों, लेकिन यह भी सुनिश्चित करें कि आप उन टैग्स का उपयोग न करें, जिसका प्रयोग आपकी श्रेणी में दूसरे लोग भी कर रहे हैं।

टैग सोचते वक्त, उन्हें कम शब्दों में जाहिर करने का प्रयास करें। उदाहरण के लिए, अपने वीडियो पर अधिक टैग लिखने की बजाय, थोड़े अधिक विशिष्ट टैग्स का प्रयोग करें। वीडियो में ऐसे टैग जोड़ें, जिनका प्रयोग लोग उस वीडियो को खोजने के लिए करते हैं। आपका टैग, वीडियो की सामग्री का अच्छी तरह से विवरण करे। एक ही टैग में व्यापकता और विशिष्टता को संयुक्त करने की कोशिश करें।

टैग सोचते वक्त, उन्हें कम शब्दों में जाहिर करने का प्रयास करें। उदाहरण के लिए, अपने वीडियो पर अधिक टैग लिखने की बजाय, थोड़े अधिक विशिष्ट टैग्स का प्रयोग करें। वीडियो में ऐसे टैग जोड़ें, जिनका प्रयोग लोग उस वीडियो को खोजने के लिए करते हैं।

वीडियो के भाग बनाने के लिए आप टैग्स का उपयोग कर सकते हैं। एक अनोखा टैग बनाएँ और फिर उसे उन वीडियो के लिए लागू करें, जिन्हें आप साथ रखना चाहते हैं। इस तरह से आपके प्रत्येक वीडियो को ज्यादा लोग देख पाएँगे।

चैनल का रख-रखाव

वीडियो अपलोड करते रहें—यदि आप अपने चैनल को सफल बनाना चाहते हैं तो आपको नए वीडियो अपलोड करते रहने की आवश्यकता होगी। अपने चैनल को कम-से-कम हर दो सप्ताह में एक बार अपडेट करने का प्रयास करें। यदि आप कुछ समय के लिए वीडियो अपलोड नहीं कर सकते हैं तो अपने दर्शकों को उसके बारे में

सूचित कर दें और उन्हें यह भी बता दें कि आप फिर से वीडियो कब अपलोड करेंगे।

नियमित रूप से वीडियो अपलोड करने से आपके दर्शकों की संख्या में वृद्धि हो सकती है। इसे एक टी.वी. शो की तरह सोचें; हर कोई अपने पसंदीदा शो के नए एपिसोड का इंतजार करता है और उन्हें मालूम होता है कि वह नया एपिसोड कब दिखाया जाएगा। हर सप्ताह या फिर हर दूसरे सप्ताह वीडियो अपलोड करने का प्रयास करें।

जब आपके पास समय हो, तब लोगों की टिप्पणियों का जवाब देने की कोशिश करें। इससे आपके और आपके दर्शकों के बीच एक मजबूत रिश्ता पैदा होगा। जब दर्शकों को यह महसूस होगा कि आपको उनकी परवाह है तो वे वापस आपके चैनल पर आते रहेंगे और आपके वीडियो देखते रहेंगे और आपके चैनल के बारे में दूसरे लोगों को भी बताएँगे।

दर्शकों से बातचीत

जब आपके पास समय हो, तब लोगों की टिप्पणियों का जवाब देने की कोशिश करें। इससे आपके और आपके दर्शकों के बीच एक मजबूत रिश्ता पैदा होगा। जब दर्शकों को यह महसूस होगा कि आपको उनकी परवाह है तो वे वापस आपके चैनल पर आते रहेंगे और आपके वीडियो देखते रहेंगे और आपके चैनल के बारे में दूंसरे लोगों को भी बताएँगे।

एक वीडियो अपलोड करने के बाद, उस वीडियो के प्रति दर्शकों की टिप्पणियों का जवाब देने में कुछ घंटे बिताएँ। ये दर्शक आपके सबसे बड़े प्रशंसक हैं, क्योंकि वे बेसब्री से नए वीडियो का इंतजार करते हैं और उन पर टिप्पणियाँ भी करते हैं। उनकी इज्जत करें और फिर देखें कि आपके दर्शकों की संख्या में कैसे वृद्धि होती है।

अपने पेज पर जितना संभव हो, उतना ज्यादा टिप्पणियों को

संयमित करें। हालाँकि बुरी टिप्पणियाँ पढ़ना हास्यास्पद हो सकता है, क्योंकि उनसे आपका चैनल कलंकित होता है और दर्शकों को उनसे अप्रसन्नता होती है। ऐसी टिप्पणियों को डिलीट करें, जो दूसरों का अपमान करती हैं और अपमानजनक उपयोगकर्ताओं की रिपोर्ट करें। ऐसा करने से आपके नियमित दर्शकों के लिए एक अनुकूल माहौल बनाने में मदद मिलेगी।

अपने दर्शकों से सवाल करें। सवालों को सरल रखने की कोशिश करें, जैसे कि हाँ/नहीं के सवाल या 'वोटिंग' करने के सवाल। इससे नकारात्मक प्रतिक्रिया कम होगी और आपके दर्शकों के बीच अच्छी चर्चाएँ होंगी।

अपने दर्शकों से सवाल करें। सवालों को सरल रखने की कोशिश करें, जैसे कि हाँ/नहीं के सवाल या 'वोटिंग' करने के सवाल। इससे नकारात्मक प्रतिक्रिया कम होगी और आपके दर्शकों के बीच अच्छी चर्चाएँ होंगी।

पुराने वीडियो वापस लाएँ

यदि आपके पास ऐसे पुराने वीडियो हैं, जिन्हें नए दर्शकों ने शायद नहीं देखा है तो उन्हें अपनी फीड में रखें, ताकि हर कोई उन्हें आपके चैनल पेज पर देख सके। ऐसा करने से आपके पुराने वीडियो को और ज्यादा लोग देखेंगे।

अन्य चैनलों को देखते रहें

जितना संभव हो सके, उतने अधिक समय के लिए यू-ट्यूब पर मौजूद रहें, फिर भले ही आप अपने चैनल में कुछ भी अपलोड न कर रहे हों। दूसरे लोगों की वीडियो देखें, अन्य उपयोगकर्ताओं के साथ बातचीत करें और उपयुक्त वीडियो को खोजें और देखें।

किसी अन्य उपयोगकर्ता के ऐसे वीडियो को लिंक करें, जो आपके

वीडियो से मिलता-जुलता हो। ऐसा करने से आपके चैनल का वीडियो संबंधित वीडियो में प्रकट होगा।

अन्य वीडियो को लिंक करने के लिए एक अनुसूची बनाएँ। जिन दिनों आप अपना खुद का वीडियो अपलोड नहीं कर रहे हैं, उन दिनों अपने लिंक किए गए और पसंद किए गए वीडियो का मूल्यांकन करें। ऐसा करने से आपको अपना वीडियो अपलोड करने के बीच, प्रतीक्षा काल को कम करने में मदद मिलेगी और दर्शक आपके चैनल पर सक्रिय रहेंगे।

अन्य वीडियो को लिंक करने के लिए एक अनुसूची बनाएँ। जिन दिनों आप अपना खुद का वीडियो अपलोड नहीं कर रहे हैं, उन दिनों अपने लिंक किए गए और पसंद किए गए वीडियो का मूल्यांकन करें।

अन्य वीडियो को पसंद करते हुए, सुनिश्चित करें कि वह एक ऐसा वीडियो हो, जो आपके दर्शकों को सुचारु तरीके से आकर्षित कर सके। एक ऐसे वीडियो को पसंद करके, जिसे और किसी ने भी पसंद नहीं किया है, आप अपने दर्शकों को अप्रसन्न नहीं करना चाहेंगे।

अपने दर्शकों के वीडियो दिखाएँ

अपने वीडियो में दर्शकों की कमेंट्री और कृतियों को शामिल करने की कोशिश करें। प्रस्तुतीकरण पर दिशा-निर्देशों की एक पोस्ट बनाएँ, जैसे कि आपके चैनल के लिए सब्सक्राइब करने की आवश्यकता।

अन्य उपयोगकर्ताओं के साथ मिलकर काम करें। ऐसे अन्य लोगों के साथ रिश्ते बनाएँ, जो आपके जैसे समान वर्ग का वीडियो अपलोड करते हैं। दर्शकों की संख्या को बढ़ावा देने के लिए एक-दूसरे के चैनलों को बढ़ावा दें। एक अन्य व्यक्ति के वीडियो में पेश हों और अन्य व्यक्तियों को अपने वीडियो में प्रकट होने के लिए आमंत्रित करें।

सुनिश्चित करें कि आपके दर्शक उन चैनलों पर आसानी से जा सकें, जिनके साथ आप मिलकर काम कर रहे हैं। आपके दर्शक, आपके समुदाय द्वारा बनाए गए वीडियो में तल्लीन हो जाने चाहिए।

सोशल मीडिया का प्रयोग

अपने चैनल के लिंक पोस्ट करके अपने सोशल मीडिया नेटवर्क को स्पैम करने से बचें। एक छोटा अनुस्मारक ठीक है, लेकिन बार-बार अपने चैनल के लिंक पोस्ट करने से लगभग कोई भी आपके चैनल के प्रति एक सकारात्मक प्रतिक्रिया नहीं देगा।

फेसबुक, गूगल, ट्विटर और अन्य सोशल मीडिया में अपने चैनलों के वीडियो और प्लेलिस्ट्स लिंक करें। अपने दोस्तों को दूसरों से अपने वीडियो के लिंक बाँटने के लिए कहें, फिर चाहे वह ऑनलाइन हो या फिर ऑफलाइन।

अपने चैनल के लिंक पोस्ट करके अपने सोशल मीडिया नेटवर्क को स्पैम करने से बचें। एक छोटा अनुस्मारक ठीक है, लेकिन बार-बार अपने चैनल के लिंक पोस्ट करने से लगभग कोई भी आपके चैनल के प्रति एक सकारात्मक प्रतिक्रिया नहीं देगा।

चैनल का प्रसार

अपने दर्शकों को अपने चैनल का प्रसार करने के लिए कहें। बार-बार उन्हें ऐसा करने के लिए न कहें, पर उनसे कहें कि यदि उन्हें आपका वीडियो पसंद आया है तो वे उसे शेयर करें। ये संदेश वीडियो के अंत में प्रस्तुत किए जाने चाहिए, जब लोग वीडियो का मुख्य भाग देख लें। दर्शकों को अपना वीडियो 'पसंद' करने के बारे में याद दिलाएँ।

नकारात्मकता को अनदेखा

अपना यू-ट्यूब चैनल बनाते वक्त इस बारे में सावधान रहें कि आप क्या नाम चुन रहे हैं। आप इसे कभी भी बदल नहीं सकेंगे। एक ऐसा नाम चुनें, जो आपके वीडियो से संबंधित हो, जो अनोखा हो और जो दर्शकों को याद रह सके और जो अन्य यू-ट्यूब उपयोगकर्ताओं से अलग हो। जाँच करें कि जो नाम आप रखना चाहते हैं, वह उपलब्ध है कि नहीं, या फिर कहीं किसी और का नाम आपके नाम के समान तो नहीं है।

जो वीडियो आप अपने चैनल पर अपलोड करना चाहते हैं, उन्हें समझें। यदि आप कोई ऐसा वीडियो अपलोड कर रहे हैं, जिसके बारे में आपको उपयुक्त जानकारी नहीं है तो लोगों को आपका चैनल थोड़ा अजीब लग सकता है।

जो वीडियो आप अपने चैनल पर अपलोड करना चाहते हैं, उन्हें समझें। यदि आप कोई ऐसा वीडियो अपलोड कर रहे हैं, जिसके बारे में आपको उपयुक्त जानकारी नहीं है तो लोगों को आपका चैनल थोड़ा अजीब लग सकता है।

आपको शायद कुछ नकारात्मक टिप्पणियाँ मिलेंगी, लेकिन उन पर ध्यान न दें और अपना काम करते रहें। हालाँकि रचनात्मक आलोचना को नकारात्मक समझकर खारिज न करें—यदि कोई आपके वीडियो के एक हिंस्से पर प्रत्यालोचना करता है तो उसका इस्तेमाल अगले वीडियो को बेहतर बनाने के लिए करें।

सुनिश्चित करें कि आपका वीडियो यू-ट्यूब की शर्तों का पालन करे। यदि कोई वीडियो यू-ट्यूब की शर्तों का उल्लंघन करता है, तो आपके वीडियो को डिलीट कर दिया जाएगा और आपके अकाउंट पर भी प्रतिबंध लगाया जा सकता है। सुनिश्चित करें कि आप जो भी अपलोड करें, वह यू-ट्यूब के नियमों के अनुसार हो।

रोचक : यू-ट्यूब से कमाए करोड़ों

दक्षिण कोरिया की छह साल की यू-ट्यूबर लड़की बोरम ने अपने दो यू-ट्यूब चैनलों से 55 करोड़ रुपए कमाए, इससे उसने राजधानी सियोल में पाँच मंजिला इमारत खरीदी। यह इमारत 258 वर्गमीटर क्षेत्र में बनी है। इसका इस्तेमाल बोरम के परिवार की कंपनी कर रही है। बोरम के यू-ट्यूब चैनलों पर 3 करोड़ से अधिक सब्सक्राइबर हैं।

बोरम की लोकप्रियता का अंदाजा इस बात से लगाया जा सकता है कि उसके एक वीडियो को 37.6 करोड़ बार देखा गया। इस वीडियो में बोरम किचन में तेजी से नूडल्स बनाती दिख रही है और अचानक नूडल्स को कैमरे पर गिरा देती है।

बोरम का पहला चैनल एक टॉय रिव्यू चैनल है। इसके 1.36 करोड़ सब्सक्राइबर हैं, वहीं दूसरा चैनल वीडियो ब्लॉग का है। इसके 1.76 करोड़ सब्सक्राइबर हैं। इसमें बोरम अपने परिवार की रोजाना की जिंदगी के वीडियो अपलोड करती है। बोरम के यू-ट्यूब चैनल दक्षिण कोरिया में सबसे ज्यादा पसंद किए जा रहे हैं।

संयुक्त रूप से ये देश के सबसे ज्यादा कमाईवाले यू-ट्यूब चैनल भी बन गए हैं। एक यूजर ने लिखा कि मैं अपनी पूरी जिंदगी में काम करके भी उतना नहीं कमा सकता, जितना बोरम ने साल भर में यू-ट्यूब से कमा लिया।

बोरम की लोकप्रियता का अंदाजा इस बात से लगाया जा सकता है कि उसके एक वीडियो को 37.6 करोड़ बार देखा गया। इस वीडियो में बोरम किचन में तेजी से नूडल्स बनाती दिख रही है और अचानक नूडल्स को कैमरे पर गिरा देती है।

बोरम अपने वीडियो को लेकर विवादों में भी रही है। बोरम की एक क्लिप का मामला न्यायालय तक पहुँच गया था। साल 2017 में रिलीज

हुई इस क्लिप में बोरम बता रही थी कि वह कैसे अपने पिता के पर्स से पैसे चुराती है। इसके बाद वह कार चलाने की कोशिश करती है। इस घटना के बाद पारिवारिक न्यायालय ने बोरम के माता-पिता को तलब किया और बोरम को परामर्श केंद्र भेजने का आदेश दिया।

यू-ट्यूब द्वारा किसी भी बच्चे की सबसे अधिक कमाई का रिकॉर्ड अमेरिका के सात साल के रियान के नाम है, जिसने 152 करोड़ रुपए की कमाई की। रियान के टॉयज चैनल के 2.08 करोड़ सब्सक्राइबर हैं।

यू-ट्यूब ऑनलाइन कमाई का सबसे बेहतर जरिया ही नहीं है, बल्कि इसने लोगों को अपनी प्रतिभा दिखाने के लिए एक मंच भी दिया है। कई लोग हैं, जो यू-ट्यूब के जरिए हर महीने लाखों रुपए कमाते हैं। कुछ ने तो इसे ही अपना फुल टाइम कॅरियर बना लिया है।

यू-ट्यूब चैनल पर अपने सोशल मीडिया प्रोफाइल को शामिल किया जा सकता है। इसका फायदा है कि जब भी कोई व्यक्ति आपके चैनल पर जाएगा, तो उसे वहाँ आपके फेसबुक और ट्विटर अकाउंट भी मिलेंगे। इससे भरोसेमंद चैनल बनाने में मदद मिल सकती है।

पहले कर लें रिसर्च

आपने यह तो सोच लिया है कि एक यू-ट्यूब चैनल बनाना है तो पहले तय कर लें कि चैनल किस टॉपिक पर होगा। अगर आप ऐसे ही यू-ट्यूब चैनल बना लेंगे, तो इसका आपको जीरो फायदा मिलेगा। इसलिए पहले अपना टॉपिक चुनें, फिर पूरी रिसर्च करें और प्लानिंग के साथ अपना चैनल शुरू करें।

□

वीडियो को हिट कराना

सबसे पहले तो ध्यान रखें कि यू-ट्यूब पर किसी का कॉपीराइट कंटेंट अपलोड करने से बचें। आपके वीडियो का कंटेंट ओरिजनल हो और उसकी वीडियो क्वालिटी अच्छी होनी चाहिए, तभी कोई आपके चैनल के वीडियो को देखना पसंद करेगा।

अपने वीडियो का नाम रखने के लिए सरल शब्दों का इस्तेमाल करें। सरकारी नियमों और कानून का पालन करते हुए ही कंटेंट का चुनाव करें। ऐसे कंटेंट का चुनाव न करें, जिससे सरकार या यू-ट्यूब को आपका चैनल ही बंद करना पड़ जाए, साथ ही वीडियो में अश्लीलता परोसने से बचें, वरना आपका अकाउंट ब्लॉक किया जा सकता है।

की-वर्ड्स सलेक्शन आपके चैनल के वीडियो को हिट और फ्लॉप करने में सबसे अहम भूमिका निभाता है। इसलिए जो की-वर्ड्स चल रहे हैं, उनके अनुसार ही अच्छा कंटेंट बनाने की कोशिश करें।

वीडियो बनाने से पहले थोड़ा रिसर्च जरूर करें और उन विषयों को चुनें, जिन पर ज्यादा काम न किया गया हो।

आप यू-ट्यूब पर जो भी वीडियो देखते हैं, उससे उस वीडियो को अपलोड करनेवाला कमाई कर रहा होता है। जितना ज्यादा आप उस वीडियो को देखेंगे, उसे बनानेवाला और अपलोड करनेवाला उतना ही ज्यादा कमाई क़रेगा।

आपने यह भी सुना होगा कि कोई व्यक्ति यू-ट्यूब पर वीडियो अपलोड कर हर साल लाखों रुपए की कमाई करता है। बीवी की वाइंस, ए.आई.बी. और सुपर वुमन जैसे कुछ ऐसे यू-ट्यूब चैनल हैं, जो हर साल करोड़ों रुपए की कमाई करते हैं। सिर्फ वीडियो अपलोड करके ये लोग आज सेलेब्रिटी बन चुके हैं। अपने इस काम की वजह से इन लोगों को बॉलीवुड और हॉलीवुड से भी ऑफर मिलने लगे हैं। इनकी तरह आप भी यू-ट्यूब के साथ मिलकर कमाई कर सकते हैं। बस इसके लिए आपको चाहिए एक आइडिया और वीडियो बनाने के लिए कैमरा समेत कुछ जरूरी संसाधन और आपकी कमाई शुरू।

यू-ट्यूब के साथ कमाई करने की शुरुआत होती है, इसके प्लेटफॉर्म पर एक चैनल बनाने से। अपने जी-मेल अकाउंट से इस साइट पर लॉग-इन करके फ्री में चैनल बना सकते हैं, लेकिन चैनल शुरू करने से पहले यह तय कर लें कि आप किस विषय को लेकर वीडियो बनाना चाहते हैं।

यू-ट्यूब के साथ कमाई करने की शुरुआत होती है, इसके प्लेटफॉर्म पर एक चैनल बनाने से। अपने जी-मेल अकाउंट से इस साइट पर लॉग-इन करके फ्री में चैनल बना सकते हैं, लेकिन चैनल शुरू करने से पहले यह तय कर लें कि आप किस विषय को लेकर वीडियो बनाना चाहते हैं। एक बार यह तय होने के बाद चैनल का नाम भी विषय से जुड़ा और यूनीक रखें, ताकि आपका चैनल लोगों के सामने आसानी से आ सके और कमाई में तेजी आ सके।

यू-ट्यूब के साथ कमाई करने की पहली शर्त है कि आप जो भी वीडियो अपलोड करेंगे, वह ऑरिजनल हो।

चैनल को मॉनिटाइज करें

यू-ट्यूब पर आप पहले दिन से ही कमाई करना शुरू कर सकते हैं।

इसके लिए जरूरी है कि अपने चैनल को मॉनिटाइज कर लें। मॉनिटाइज करने का मतलब यह है कि आप यू-ट्यूब को अपने वीडियो के शुरू होने से पहले और चैनल पर एड दिखाने की अनुमति दे रहे हैं। इसके साथ ही यह इस बात का प्रूफ भी है कि आप जो भी कंटेंट अपलोड कर रहे हैं, उस पर किसी का कॉपीराइट नहीं है।

मॉनिटाइजेशन शुरू करने के लिए वीडियो मैनेजर में जाकर इनेबल मॉनिटाइजेशन अथवा डॉलर साइन पर क्लिक कर सकते हैं। इसमें मॉनिटाइज विद एड्सवाले बॉक्स पर टिक जरूर करें और कमाई शुरू।

मॉनिटाइजेशन के अलावा गूगल एडसेंस एक ऐसा डिफॉल्ट एड सिस्टम है, जिससे आपकी लगातार कमाई होती रहती है। आपके वीडियो जितनी बार देखे जाएँगे और उन पर नजर आ रहे एड्स पर जितनी बार भी क्लिक होगा, उतने ही पैसे आपके अकाउंट में जुड़ते जाएँगे।

गूगल एडसेंस से चैनल को लिंक करें

मॉनिटाइजेशन के अलावा गूगल एडसेंस एक ऐसा डिफॉल्ट एड सिस्टम है, जिससे आपकी लगातार कमाई होती रहती है। आपके वीडियो जितनी बार देखे जाएँगे और उन पर नजर आ रहे एड्स पर जितनी बार भी क्लिक होगा, उतने ही पैसे आपके अकाउंट में जुड़ते जाएँगे।

गूगल एडसेंस साइट पर जाकर साइन-अप कीजिए। इसमें भी आप जी-मेल अकाउंट से लॉग-इन कर सकते हैं। यहाँ आपको अपनी बैंक अकाउंट डिटेल्स या फिर पेपैल अकाउंट डिटेल्स देनी होंगी।

पेपैल व अकाउंट डिटेल्स लेकर एडसेंस न सिर्फ आपको वैरीफाई करता है, बल्कि इसके जरिए ही यह पेमेंट भी करता है। अपने चैनल को एडसेंस से लिंक करने के बाद आपके वीडियो पर हर व्यू की कमाई बढ़ने लगेगी।

चैनल और वीडियोज का विज्ञापन

चैनल बनाने के बाद और उसमें रेग्युलरली वीडियोज अपलोड करने से आप लाखों नहीं कमा पाएँगे। इसके लिए जरूरी है कि अपने चैनल को एडवरटाइज करें। माउथ पब्लिसिटी, सोशल मीडिया और हर उस संभव प्लेटफॉर्म पर अपने चैनल और वीडियोज के बारे में बताइए, जहाँ आपकी पॉसिबल ऑडियंस हो। जितने सब्सक्राइबर्स और व्यूज बढ़ेंगे, उतनी ही आपकी कमाई भी। इससे यह भी फायदा होगा कि आप मॉनिटाइजेशन से एक कदम आगे बढ़कर यू-ट्यूब के साथ पार्टनर बन जाएँगे, जिसके अपने फायदे हैं।

अपने चैनल को सफलतापूर्वक स्थापित करने के बाद आप यू-ट्यूब पार्टनर बन सकते हैं। अपने यू-ट्यूब पेज से आप कभी भी पार्टनर बन सकते हैं, लेकिन इसके लिए कुछ टर्म्स एंड कंडीशंस पूरी करनी होती हैं। यू-ट्यूब पार्टनर बनने के लिए जरूरी है कि पिछले 90 दिनों में आपके चैनल को कम-से-कम 15,000 घंटे देखा गया हो।

यू-ट्यूब पार्टनर बनिए

अपने चैनल को सफलतापूर्वक स्थापित करने के बाद आप यू-ट्यूब पार्टनर बन सकते हैं। अपने यू-ट्यूब पेज से आप कभी भी पार्टनर बन सकते हैं, लेकिन इसके लिए कुछ टर्म्स एंड कंडीशंस पूरी करनी होती हैं। यू-ट्यूब पार्टनर बनने के लिए जरूरी है कि पिछले 90 दिनों में आपके चैनल को कम-से-कम 15,000 घंटे देखा गया हो। जब आप इस लेवल पर पहुँच जाएँगे, तो पार्टनरशिप के लिए अप्लाई करें।

पार्टनर बनने से आपको न सिर्फ यू-ट्यूब से सपोर्ट हासिल होता है, बल्कि आप कई अवॉर्ड्स भी जीत सकते हैं। यू-ट्यूब हर साल बेस्ट यू-ट्यूबर्स को गोल्डन, ऑरेंज और डायमंड प्ले बटन का अवॉर्ड देता

है। ये अवॉर्ड उन यू-ट्यूबर्स को दिए जाते हैं, जिनके व्यूज दूसरों से कई गुना ज्यादा होते हैं और हाँ, ये अवॉर्ड सोने और हीरे के बने होते हैं, जिन पर आपका नाम भी सुनहरे अक्षरों में लिखा जाता है।

शुरुआती कमाई

यू-ट्यूब पर चैनल शुरू करने का फैसला लेने से पहले यह समझ लें कि इससे लाखों रुपए कमाने के लिए आपको कुछ समय तक संयम बरतना होगा और अपने काम को बेहतर से बेहतरीन करते रहना होगा। शुरुआत में जब आप अपने वीडियोज को मॉनिटाइज और एडसेंस से जोड़ते हैं तो इससे आपको हर क्लिक के पीछे 25 पैसे से एक रुपए तक मिलते हैं। इस कमाई को आप व्यूज बढ़ाकर कई गुना बढ़ा सकते हैं।

> *यू-ट्यूब पर चैनल शुरू करने का फैसला लेने से पहले यह समझ लें कि इससे लाखों रुपए कमाने के लिए आपको कुछ समय तक संयम बरतना होगा और अपने काम को बेहतर से बेहतरीन करते रहना होगा। शुरुआत में जब आप अपने वीडियोज को मॉनिटाइज और एडसेंस से जोड़ते हैं तो इससे आपको हर क्लिक के पीछे 25 पैसे से एक रुपए तक मिलते हैं।*

यू-ट्यूब पर कमाई करने के ये दो ऐसे जरिए हैं, जिनसे आप जीरो सब्सक्राइबर्स और 1,000 से कम व्यूज में भी कमाई कर सकते हैं, लेकिन लाखों और करोड़ों रुपए कमाने के लिए आपको थोड़ा इंतजार करना होगा और वीडियोज अपलोड करते रहना होगा।

ऐसे होगी लाखों की कमाई

अगर आप हर साल लाखों रुपए की कमाई करना चाहते हैं तो

सबसे पहले एक साल व उससे ज्यादा का समय खुद को दें। इस दौरान कमाई से फोकस हटाकर सिर्फ और सिर्फ अपने चैनल को बेहतर बनाने में लगे रहें।

व्यूज के साथ ही अपने सब्सक्राइबर्स बेस को बनाने के लिए जो बन सकता है, वह करें। जितना ज्यादा आपका चैनल लोकप्रिय होगा, उतनी ज्यादा कंपनियाँ आपके साथ जुड़ेंगी।

ज्यादातर कंपनियाँ हजारों और लाखों सब्सक्राइबर्स व व्यूजवाले यू-ट्यूबर्स को अपने प्रोडक्ट्स उनके चैनल पर इंडोर्स करने का ऑफर देती हैं। इन एडवरटाइजिंग डील्स से आप हर महीने लाखों रुपए कमा सकते हैं, लेकिन यह तभी संभव है, जब आप अपने चैनल को इतना मजबूत बना लें कि हर कोई इसे देखना चाहे।

ज्यादातर कंपनियाँ हजारों और लाखों सब्सक्राइबर्स व व्यूजवाले यू-ट्यूबर्स को अपने प्रोडक्ट्स उनके चैनल पर इंडोर्स करने का ऑफर देती हैं। इन एडवरटाइजिंग डील्स से आप हर महीने लाखों रुपए कमा सकते हैं, लेकिन यह तभी संभव है, जब आप अपने चैनल को इतना मजबूत बना लें कि हर कोई इसे देखना चाहे।

ये गलतियाँ पड़ेंगी भारी

अगर आप सोच रहे हैं कि आप वीडियोज पर दिखनेवाले एड पर क्लिक करके अपनी कमाई बढ़ाएँगे, तो यह कभी मत करिएगा। अगर आप अपने वीडियोज पर दिखनेवाले एड्स पर बार-बार क्लिक करते हैं और इसमें यू-ट्यूब को कुछ भी गड़बड़ लगती है तो आपका एडसेंस अकाउंट कैंसल हो सकता है।

अपने कंटेंट को जितना हो सके, उतना ऑरिजनल रखें। कॉपीराइट कंटेंट्स पर आप कुछ भी कमाई नहीं कर सकेंगे, इसलिए फोटोज से लेकर म्यूजिक व कंटेंट तक सब ऑरिजनल रखें।

कुछ भी गलत, अभद्र और किसी को हानि पहुँचानेवाले वीडियोज़ कभी भी अपलोड न करें। यू-ट्यूब आपके चैनल पर अपलोड होनेवाले हर वीडियो को स्कैन करता है। इसमें कुछ भी गलत पाए जाने पर वीडियो हटाया जाएगा। बार-बार ऐसा होने पर आपका चैनल ब्लॉक भी किया जा सकता है।

ऐसे बनाएँ कॉपीराइट फ्री वीडियो

अगर आप अपने वीडियोज में म्यूजिक, फोटोज और कुछ वीडियो फुटेज डालना चाहते हैं, लेकिन इन्हें बनाने के लिए आपके पास पैसे नहीं हैं तो चिंता करने की बजाय आप इनका रुख कर सकते हैं।

म्यूजिक के लिए यू-ट्यूब की ऑडियो लाइब्रेरी है, जहाँ कई प्रकार का कॉपीराइट फ्री म्यूजिक मिल जाता है। इसके अलावा इनकॉम्पीटेक डॉट कॉम समेत कई साइट्स हैं, जो फ्री म्यूजिक मुहैया करती हैं। फोटोज के लिए पिक्साबे और कॉपीराइट फ्री वीडियोज देनेवाली साइट्स भी कई हैं, जिनसे आप वीडियोज और फोटोज लेकर बिना किसी कठिनाई के इस्तेमाल कर सकते हैं।

यह बात जरूर याद रखें कि जब भी आप कोई कॉपीराइट फ्री कंटेंट का इस्तेमाल करें, तो वीडियो के अंत में या जहाँ आप चाहें, कंटेंट के लिए क्रेडिट जरूर दें। अगर ऐसा नहीं करेंगे, तो साइट्स उस पर कॉपीराइट क्लेम कर सकती हैं।

□

सबसे ज्यादा चलनेवाले चैनल

यू-ट्यूब चैनल उसी विषय को लेकर शुरू करना चाहिए, जिसके बारे में आपको सबसे ज्यादा पता हो या फिर जो आपके दिल के करीब हो। ऐसे चैनल्स के चलने की संभावना ज्यादा रहती है।

इनके अलावा ट्यूटोरियल वीडियो, टीचिंग व कुछ प्रॉब्लम सॉल्विंग वीडियोज के चैनल काफी ज्यादा देखे जाते हैं। गैजेट्स रिव्यू करना और फैशन से जुड़े टिप्स देना, कुछ ऐसे विषय हैं, जो यू-ट्यूब पर सबसे ज्यादा सर्च किए जाते हैं।

हालाँकि चैनल वही शुरू करें, जिसमें आपकी रुचि हो, जो आप चाहते हों। ऐसा करने से आप उसे बेहतर तरीके से चला पाएँगे और उसके लिए जरूरी मेहनत भी करेंगे। वीडियोज रेग्युलर बेसिस पर डालते रहें। इससे सब्सक्राइबर्स बढ़ेंगे और व्यूज के साथ ही कमाई भी।

जरूरी बातें

यू-ट्यूब को अगर आपने गंभीरता से लिया, तो इसे आप कॅरियर भी बना सकते हैं। सुपर वुमन की लिली सिंह इसका सबसे बड़ा उदाहरण हैं, जो सिर्फ यू-ट्यूब वीडियोज बनाकर हर साल करोड़ों रुपए कमाती हैं।

यू-ट्यूब से आप रातोरात लाखों रुपए नहीं कमा सकेंगे। जिस तरह

किसी बिजनेस को स्थापित होने और प्रॉफिट आने में समय लगता है, उसी तरह इसमें भी समय लगता है। इसलिए संयम बरतें और वीडियोज अपलोड करते रहें। रेग्युलरली वीडियो अपलोड करने से आपकी कमाई हजारों रुपए से बढ़कर लाखों हो जाएगी।

किसी भी चैनल को शुरू करने से पहले इस बात का खयाल रखना बेहद जरूरी है कि आप किस तरह का कंटेंट अपने दर्शकों के बीच रखनेवाले हैं और आपका कंटेंट उस ऑडियंस को ठीक तरह से जोड़ता है या नहीं। कई बार बेहतरीन कंटेंट होने के बावजूद कई यू-ट्यूब चैनल ठीक से काम नहीं कर पाते, इसका कारण है, उनके कंटेंट और ऑडियंस के बीच जुड़ाव की कमी।

अपने ऑडियंस से जुड़ाव

किसी भी चैनल को शुरू करने से पहले इस बात का खयाल रखना बेहद जरूरी है कि आप किस तरह का कंटेंट अपने दर्शकों के बीच रखनेवाले हैं और आपका कंटेंट उस ऑडियंस को ठीक तरह से जोड़ता है या नहीं। कई बार बेहतरीन कंटेंट होने के बावजूद कई यू-ट्यूब चैनल ठीक से काम नहीं कर पाते, इसका कारण है, उनके कंटेंट और ऑडियंस के बीच जुड़ाव की कमी।

लोगो/आइकन

इंटरनेट पर कोई भी यूजर कुछ पढ़ने से ज्यादा विजुअल पर ध्यान देता है। बेहतर है, किसी चैनल को शुरू करने से पहले आपके पास एक आइकन या लोगो होना बहुत जरूरी है, जो हर जगह आपके काम को प्रदर्शित करेगा।

चैनल आर्ट

यह एक तरह का कवर फोटो होता है, अगर किसी यूजर को

आपका वीडियो पसंद आया है तो वह एक बार आपका चैनल जरूर विजिट करेगा, इसलिए जरूरी है, आप अपने विजिटर का स्वागत शानदार ढंग से करें। इसके साथ जरूरी चैनल आर्ट आपके चैनल से जुड़ा होना चाहिए।

अगर आपने अच्छी पढ़ाई की है और आपको इसके बावजूद नौकरी नहीं मिल रही है तो आप किसी भी नौकरी का इंतजार न करें, इसकी बजाय ऑनलाइन कई काम करके पैसे कमा सकते हैं, लेकिन सबसे बढ़िया और आसान काम है कि आप यू-ट्यूब पर अच्छी नॉलेजवाले वीडियो डालें।

शेयर कंटेंट

चैनल बनाने के बाद अच्छे कंटेंट के साथ उसकी मार्केटिंग भी बेहद जरूरी है। इसलिए अलग-अलग सोशल मीडिया प्लेटफॉर्म पर कंटेंट का सही ढंग से प्रमोशन जरूरी है, जिससे आपका चैनल पब्लिक के बीच बेहतर ढंग से लोकप्रिय हो सके।

मोबाइल पर यू-ट्यूब चैनल

अगर आपने अच्छी पढ़ाई की है और आपको इसके बावजूद नौकरी नहीं मिल रही है तो आप किसी भी नौकरी का इंतजार न करें, इसकी बजाय ऑनलाइन कई काम करके पैसे कमा सकते हैं, लेकिन सबसे बढ़िया और आसान काम है कि आप यू-ट्यूब पर अच्छी नॉलेजवाले वीडियो डालें। अपनी पढ़ाई से संबंधित ही वीडियो डालें, ताकि दूसरों को इसकी जानकारी हो और आपको इसके बदले पैसे भी मिलें। इसकी सबसे बढ़िया बात यह है कि इसके लिए आपको कोई पैसे लगाने की जरूरत नहीं है, आप फ्री में अपना यू-ट्यूब चैनल बनाकर उस पर वीडियो अपलोड कर सकते हैं।

वीडियो अपलोड करना

यू-ट्यूब में अभी कुछ लिमिटेशन बनाई गई हैं, जिनके तहत आप अपने चैनल पर 4000 घंटे का वाच टाइम होने के बाद में ही वीडियो से पैसे कमाने शुरू कर सकते हैं, तो आप यू-ट्यूब पर लगातार वीडियो अपलोड करते रहें, कुछ अच्छा वीडियो बनाएँगे तो आपके 4000 घंटे का वाच टाइम बहुत जल्दी पूरा हो जाएगा और आप इससे पैसे कमाने लग जाएँगे।

मोबाइल से यू-ट्यूब चैनल बनाने के लिए आपके मोबाइल में यू-ट्यूब एप होना चाहिए, अगर आपके मोबाइल में यू-ट्यूब एप नहीं है तो आप गूगल प्ले स्टोर से इसे फ्री में डाउनलोड कर सकते हैं, तो पहले गूगल प्ले स्टोर से यू-ट्यूब के ऑफिशियल एंड्रॉएड एप को डाउनलोड करें और इंस्टॉल करके ओपन करें।

मोबाइल से यू-ट्यूब चैनल बनाने के लिए आपके मोबाइल में यू-ट्यूब एप होना चाहिए, अगर आपके मोबाइल में यू-ट्यूब एप नहीं है तो आप गूगल प्ले स्टोर से इसे फ्री में डाउनलोड कर सकते हैं, तो पहले गूगल प्ले स्टोर से यू-ट्यूब के ऑफिशियल एंड्रॉएड एप को डाउनलोड करें और इंस्टॉल करके ओपन करें।

ऐप को ओपन करते ही सबसे ऊपर आपको अकाउंट का ऑप्शन दिखेगा, अकाउंट के ऑप्शन पर क्लिक करना है। क्लिक करते ही आपको साइन-इन का ऑप्शन दिखेगा, जिसके ऊपर क्लिक करके आपको साइन-इन करना है।

साइन-इन पर क्लिक करते ही आपको अकाउंट के सामने प्लस का आइकन दिखेगा। अगर आपने अपने फोन में कोई इ-मेल आई.डी. लॉग-इन की है तो वह भी आपको यहाँ पर दिखेगी, अगर आप उस इ-मेल आई.डी. से अपना यू-ट्यूब चैनल बनाना चाहते हैं तो उस

इ-मेल आई.डी. को सलेक्ट करें और सीधा लॉग-इन करें और अगर आप नया अकाउंट बनाना चाहते हैं तो प्लस के आइकन पर क्लिक करके अपना नया अकाउंट बनाएँ।

नया अकाउंट बनाते ही या अपने पुराने एकाउंट से लॉग-इन करते ही आप फिर से इसकी होम स्क्रीन पर आ जाएँगे और फिर से अकाउंट के आइकन पर क्लिक करना है, फिर माई चैनल पर क्लिक करें। यहाँ आपको आपका नाम दिखाई देगा। यहाँ पर आपको अपने यू-ट्यूब चैनल का नाम भरना है। इसके बाद नीचे क्रिएट चैनल पर क्लिक करें।

नया अकाउंट बनाते ही या अपने पुराने एकाउंट से लॉग-इन करते ही आप फिर से इसकी होम स्क्रीन पर आ जाएँगे और फिर से अकाउंट के आइकन पर क्लिक करना है, फिर माई चैनल पर क्लिक करें। यहाँ आपको आपका नाम दिखाई देगा। यहाँ पर आपको अपने यू-ट्यूब चैनल का नाम भरना है। इसके बाद नीचे क्रिएट चैनल पर क्लिक करें।

अब आपको अपने चैनल की सेटिंग करनी है। सेटिंग करने के लिए सेटिंग के आइकन में क्लिक करें, जहाँ आपको अपने चैनल का लोगो लगाना है और चैनल के लिए बैक कवर लगाना है। ये दोनों ही चीजें लगानी बहुत जरूरी हैं। अगर आप अपने यू-ट्यूब चैनल पर लोगो या कवर नहीं लगाते तो आपका यू-ट्यूब चैनल प्रोफेशनल नहीं लगेगा, तो सबसे पहले आप अपने चैनल में लोगो या फोटो लगा लीजिए।

उसके बाद में आप अपने यू-ट्यूब चैनल का नाम फिर से बदल सकते हैं और उसके नीचे आपको अपने यू-ट्यूब चैनल का डिस्क्रिप्शन देना है। डिस्क्रिप्शन में आप अपने यू-ट्यूब चैनल के बारे में बताएँगे कि आपका यू-ट्यूब चैनल किस बारे में है, आप किस टॉपिक से संबंधित

वीडियो डालेंगे, तो यह सब जानकारी आपको भरनी बहुत ही जरूरी है। यह सब जानकारी भरने के बाद आपके मोबाइल पर यू-ट्यूब चैनल तैयार हो जाएगा।

मोबाइल पर यू-ट्यूब वीडियो अपलोड

अपने एंड्रॉएड एप से यू-ट्यूब पर वीडियो अपलोड करने के लिए आपको वीडियो आइकन पर क्लिक करना है। आइकन पर क्लिक करते ही आपके सामने एक और वीडियो का आइकन आएगा। उस पर क्लिक कर दीजिए। उसके नीचे आपको अपने फोन में मौजूद सभी वीडियो दिखाई देंगे। जो वीडियो अपलोड करना चाहते हैं, उसे आप सलेक्ट कर दीजिए।

- अपने वीडियो का नाम लिखें।
- अपने वीडियो के बारे में बताएँ कि इस वीडियो में क्या-क्या बताया गया है, क्या खास बात है।
- इस वीडियो को आप पब्लिक करेंगे तो वह हर किसी को दिखेगा। अगर प्राइवेट करेंगे तो सिर्फ आपको दिखेगा। अगर आपने अनलिस्टेड किया तो जिसे आप इस वीडियो का लिंक देंगे, वही इस वीडियो को देख सकेगा।

पूरी जानकारी भरने के बाद अपलोड आइकन पर क्लिक करें। आइकन पर क्लिक करते ही आपका वीडियो अपलोड हो जाएगा और ऐसे आप अपने मोबाइल से वीडियो को अपलोड कर सकते हैं।

कंप्यूटर पर यू-ट्यूब वीडियो अपलोड करना

सबसे पहले अपने ब्राउजर में यू-ट्यूब पर जाएँ और राइट साइड में साइन-इन के ऑप्शन पर क्लिक करें। यहाँ आपको अपनी जी-मेल आई.डी. से लॉग-इन करना है। लॉग-इन करने के बाद अपलोड के

बटन पर क्लिक करें। इसके बाद अगले पेज पर आप वीडियो अपलोड कर सकते हैं, वीडियो क्रिएट कर सकते हैं, अपनी फोटो जोड़कर वीडियो बना सकते हैं।

आप फोटो स्लाइड शो और वीडियो एडिटर की मदद से ऑनलाइन न्यू वीडियो क्रिएट कर सकते हैं। किसी भी ऑप्शन से आप वीडियो बनाएँगे तो बाद में आपको उसकी डिटेल भरनी पड़ेगी। वैसे ही अगर आप सलेक्ट फाइल टू अपलोड पर क्लिक करते हैं तो वीडियो सलेक्ट करते ही आपका वीडियो अपलोड होना शुरू हो जाएगा। जैसे ही वीडियो अपलोड होना शुरू होता है, वीडियो के बारे में डिटेल भरें।

आप फोटो स्लाइड शो और वीडियो एडिटर की मदद से ऑनलाइन न्यू वीडियो क्रिएट कर सकते हैं। किसी भी ऑप्शन से आप वीडियो बनाएँगे तो बाद में आपको उसकी डिटेल भरनी पड़ेगी। वैसे ही अगर आप सलेक्ट फाइल टू अपलोड पर क्लिक करते हैं तो वीडियो सलेक्ट करते ही आपका वीडियो अपलोड होना शुरू हो जाएगा।

- अपने वीडियो का टाइटल लिखें, जैसे—'यू-ट्यूब से पैसे कमाने के तरीके'।
- डिसक्रिप्शन में वीडियो के बारे में सारभूत विवरण दें।
- वीडियो से संबंधित टैग लिखें।
- कस्टम थंबनेल में आप्र अपने वीडियो के लिए कोई कवर फोटो बनाकर लगा सकते हैं, जिससे आपका वीडियो के थंबनेल से वीडियो को देखने का मन करे, लेकिन गलत फोटो न लगाएँ और ऐसा फोटो न लगाएँ, जो वीडियो से संबंधित न हो।
- 'अ' पर क्लिक करके इसे ऑन कर सकते हैं। इससे आप टाइटल को हिंदी में लिख सकते हैं।

अपने वीडियो को आप तीन तरह से यू-ट्यूब पर रख सकते हैं—

1. पब्लिक—इसमें वीडियो यू-ट्यूब पर हर किसी को दिखेगा।

2. प्राइवेट—इसमें वीडियो सिर्फ आपको दिखेगा।

3. अनलिस्टेड—इसमें वीडियो उसी को दिखेगा, जिसके पास वीडियो का लिंक होगा।

अगर आप ट्विटर पर भी अपलोड करना चाहते हैं तो यहाँ से ट्विटर के ऑप्शन को सलेक्ट कर सकते हैं।

इससे ज्यादा सेटिंग करने के लिए एडिशनल सेटिंग पर क्लिक करके सेटिंग कर सकते हैं। एडिशनल सेटिंग में आप अपने वीडियो पर कमेंट डिसेबल कर सकते हैं। वीडियो रेटिंग को हाइड कर सकते हैं। वहीं आप मॉनिटाइजेशन की टैब में अपने वीडियो पर एड लगा सकते हैं, जिससे आप पैसे कमा सकते हैं।

आप अपने वीडियो की प्ले-लिस्ट भी बना सकते हैं, जैसे 'यू-ट्यूब से पैसे कमाने के तरीके' की वीडियो अलग लिस्ट में, 'वेबसाइट से कैसे कमाएँ' वीडियो अलग लिस्ट में।

इससे ज्यादा सेटिंग करने के लिए एडिशनल सेटिंग पर क्लिक करके सेटिंग कर सकते हैं। एडिशनल सेटिंग में आप अपने वीडियो पर कमेंट डिसेबल कर सकते हैं। वीडियो रेटिंग को हाइड कर सकते हैं। वहीं आप मॉनिटाइजेशन की टैब में अपने वीडियो पर एड लगा सकते हैं, जिससे आप पैसे कमा सकते हैं। जब आपका वीडियो कंपलीट अपलोड हो जाए, तो ऊपर पब्लिश के बटन पर क्लिक करें।

अब दस हजार व्यूज के बाद ही कमाई

यू-ट्यूब के लाखों निर्माताओं के लिए इसके लिए वीडियो बनाना न सिर्फ रचनात्मक काम है, बल्कि आय का एक जरिया भी है, लेकिन अब नए नियम के अनुसार यू-ट्यूब के वीडियो निर्माता तब तक कमाई

नहीं कर पाएँगे, जब तक उनका चैनल 10,000 व्यूज हासिल न कर ले।

यू-ट्यूब ने अपने 'यू-ट्यूब पार्टनर कार्यक्रम (वाई.पी.पी.)' में बदलाव किया है, जिसे साल 2007 में शुरू किया गया था। यू-ट्यूब पर कोई भी व्यक्ति अपना वीडियो अपलोड कर सकता है और उसके वीडियो के साथ विज्ञापन दिखाए जाते हैं, जिसकी कमाई का हिस्सा वीडियो निर्माता को भी यू-ट्यूब देता है, लेकिन अब किसी वीडियो के 10,000 व्यूज से ज्यादा होने पर ही यू-ट्यूब उसके निर्माता को कमाई का हिस्सा देगा।

यू-ट्यूब ने एक ब्लॉग पोस्ट में कहा, 'हम वाई.पी.पी. वीडियो पर तब तक विज्ञापन जारी नहीं करेंगे, जब तक उसे 10,000 व्यूज नहीं मिल जाते। यह नई शुरुआत हमें चैनल की वैधता निर्धारित करने के लिए पर्याप्त समय देगी, साथ ही इससे हमें यह पुष्टि करने में भी मदद मिलेगी कि चैनल हमारे दिशा-निर्देशों और विज्ञापनकर्ताओं की नीतियों के अनुरूप हैं कि नहीं।' 10,000 व्यूज पार होने के बाद निर्माताओं को उनके 10,000 व्यूज तक की कमाई का भी हिस्सा दिया जाएगा।

□

यू-ट्यूब चैनल के लिए अच्छा नाम

यू-ट्यूब चैनल का नाम जितना अच्छा होगा, लोगों को चैनल और वीडियो खोजने में उतनी ही आसानी होगी। यदि आप अपना यू-ट्यूब चैनल बनाना चाहते हैं तो यह समय एक अच्छा चैनल नाम और यूजर नाम चुनने का है। अपने चैनल के लिए एक ऐसा नाम चुनें, जो आपकी वीडियो कैटेगरी और आपके काम को टारगेट करे और लोग उसे आसानी से याद रख सकें, साथ ही टाइप करने में आसान नाम चुनना है, जिसे दर्शक आसानी से टाइप कर सकें।

दुर्भाग्य से यू-ट्यूब पर लाखों उपभोगकर्ता हैं और उनमें से बहुतों के कई-कई चैनल हैं। आपको इन चैनलों की भीड़ में सितारा बनना है। अगर अपने चैनल का बुरा नाम चुनेंगे तो आपको उन सबमें टॉप पर आना बहुत कठिन होगा।

यदि आप जल्दी टॉप में आना चाहते हैं तो आपको अपने चैनल के लिए टॉप नाम चुनना पड़ेगा।

अच्छा नाम चुनने के तरीके

चैनल की कामयाबी में जो चीज सबसे अधिक महत्त्व रखती है, वह है उसका नाम। आप में से अधिकांश लोगों को लगता होगा कि यह बात तो बहुत मामूली है, लेकिन आप जान लीजिए कि चैनल का नाम

ही इसका भविष्य तय करता है। इसके पीछे बहुत तगड़ा लॉजिक है। अगर आपने चैनल का नाम कॉम्प्लीकेटेड रख दिया तो बहुत कठिनाई होगी। नाम उलझा हुआ न रखें। नाम ऐसा होना चाहिए, जो कि एक ही बार में सबकी जुबान पर चढ़ जाए। नाम ऐसा हो, जिसे याद रखना मुश्किल न हो। यह बात भी बहुत मायने रखती है कि आपका चैनल किस टॉपिक पर है और इस पर कौन सा नाम सूट करेगा।

सटीक नाम का फायदा यह होता है कि अगर किसी दर्शक को इसमें अच्छा टॉपिक मिल गया तो वह चैनल का नाम कभी नहीं भूलेगा। वह की-वर्ड से टॉपिक सर्च करने की जगह सीधे आपके चैनल पर ही आएगा। वह आपका परमानेंट यूजर हो सकता है। ऐसा कई लोगों ने करके दिखा भी दिया है। उन्होंने अपने चैनल को इतना लोकप्रिय बना दिया है कि एक ही वीडियो पर दस लाख तक व्यूज आते हैं। उनकी सफलता के पीछे काम तो है ही, लेकिन नाम का भी इसमें बहुत बड़ा योगदान है।

सटीक नाम का फायदा यह होता है कि अगर किसी दर्शक को इसमें अच्छा टॉपिक मिल गया तो वह चैनल का नाम कभी नहीं भूलेगा। वह की-वर्ड से टॉपिक सर्च करने की जगह सीधे आपके चैनल पर ही आएगा। वह आपका परमानेंट यूजर हो सकता है। ऐसा कई लोगों ने करके दिखा भी दिया है।

आप अपने चैनल का नाम उसके कंटेंट के हिसाब से रखें। जैसे आपका चैनल म्यूजिक से रिलेडेट है तो उसका नाम भी वैसा ही होना चाहिए। चैनल कुकिंग पर बेस है, इसके नाम से खाने की खुशबू आनी चाहिए। स्पोर्ट्स चैनल बना रहे हैं तो एक ही बार में मुँह से निकलना चाहिए कि यह लगा एक और सिक्सर। मतलब है—जैसा काम, वैसा नाम।

अगर आपका चैनल ट्यूटोरियल से रिलेटेड है तो नाम में स्कूल

जैसी फीलिंग आनी चाहिए। जैसे आप हिंदी सिखा रहे हैं तो हिंदी की क्लास, हिंदी की कोचिंग, हिंदी सीखें, हिंदी टीचर, हिंदी क्लास रूम, हिंदी पाठशाला जैसा नाम चैनल का रखें। ऐसा ही आप दूसरे फील्ड के लिए भी करें।

नाम ऐसा होना चाहिए, जिसमें स्पेलिंग मिस्टेक की संभावना नहीं होनी चाहिए। जैसे आप चैनल का नाम बनाएँ तो उसके बीच में नंबरों को न डालें। अकसर लोग बीच के नंबर भूल जाते हैं और गलत नाम से सर्च करते हैं। अगर स्पेलिंग की प्रॉब्लम होगी तो सर्च करनेवाले को कठिनाई होगी। सलाह है कि नंबर को बीच में न रखें। इससे सर्च में प्रॉब्लम आएगी। कई अच्छे चैनल की दुर्गति हमने देखी है। चैनल के कंटेंट तो लाजवाब हैं, लेकिन गलत नाम चूज करने की वजह से ट्रैफिक निल बटा सन्नाटा रहता है।

चैनल के नाम में अश्लीलता का प्रयोग न करें। अगर आपने ऐसा किया, तो जान लीजिए ।के आपके चैनल की गर्भ में ही मौत हो जाएगी। आप किसी दूसरे चैनल के नाम की कॉपी न करें या उससे मिलता-जुलता नाम रखने की कोशिश न करें। एक बात याद रखिए कि कॉपी, कॉपी ही होती है और ओरिजनल, ओरिजनल।

चैनल के नाम में अश्लीलता का प्रयोग न करें। अगर आपने ऐसा किया, तो जान लीजिए कि आपके चैनल की गर्भ में ही मौत हो जाएगी। आप किसी दूसरे चैनल के नाम की कॉपी न करें या उससे मिलता-जुलता नाम रखने की कोशिश न करें। एक बात याद रखिए कि कॉपी, कॉपी ही होती है और ओरिजनल, ओरिजनल। मिलता-जुलता नाम रखेंगे, तो लोगों को यह कभी याद ही नहीं रहेगा।

आप कोशिश कीजिए कि जो नाम आप डालने जा रहे हैं, उसके यूजर नाम अन्य प्लेटफॉर्म्स पर भी उपलब्ध हों। इससे आपके चैनल का

फेसबुक पेज, ट्विटर व डोमन एक ही नाम का होगा। हर जगह यूजर्स को समान नाम ही मिलेगा।

आपको ऐसा यू-ट्यूब चैनल नाम चुनना है, जो सबसे बेहतर और सबसे अलग हो, ताकि जो कोई भी आपका चैनल देखे, वह आपकी वीडियो देखना और चैनल सब्सक्राइब करना पसंद करें।

रचनात्मक नाम चुनें

आपको अपने यू-ट्यूब चैनल के लिए एक ऐसा नाम चुनना है, जो आपके चैनल पर पूरी तरह फिट हो, इसलिए नाम चुनने से पहले आप यह तय कर लें कि आप किस तरह के वीडियो यू-ट्यूब पर अपलोड करेंगे। यदि आप कॉमेडी वीडियो बनाना चाहते हैं तो अपने चैनल के लिए कोई मजेदार नाम चुनें, ताकि आपका चैनल मजेदार और कॉमेडी वीडियो के लिए बेहतर हो। जैसे अगर आप 'हेल्थ टिप्स' नाम के चैनल पर कॉमेडी वीडियो अपलोड करेंगे तो आप सफल नहीं हो सकते। साथ ही ऐसा नाम न चुनें, जो बोलने में कठिन और लिखने में मुश्किल हो।

आपको अपने यू-ट्यूब चैनल के लिए एक ऐसा नाम चुनना है, जो आपके चैनल पर पूरी तरह फिट हो, इसलिए नाम चुनने से पहले आप यह तय कर लें कि आप किस तरह के वीडियो यू-ट्यूब पर अपलोड करेंगे। यदि आप कॉमेडी वीडियो बनाना चाहते हैं तो अपने चैनल के लिए कोई मजेदार नाम चुनें, ताकि आपका चैनल मजेदार और कॉमेडी वीडियो के लिए बेहतर हो।

एक शब्द का नाम चुनने का प्रयास करें

सामग्री से संबंधित एक शब्द के नामवाले चैनल आजकल बहुत ज्यादा मशहूर हो रहे हैं, क्योंकि एक शब्द का नाम कई शब्दों के नाम

से टाइप करने और याद रखने में आसान होता है। एक शब्द के नाम का मतलब यह नहीं है कि आप कोई भी शब्द चुन लें, बल्कि अपने चैनल के लिए बढ़िया और ऐसा नाम चुनें, जिसका कुछ अर्थ निकलता हो और वो आपके वीडियो से संबंधित हो।

दो शब्दों का जोड़

अपने चैनल के उद्देश्य को समझानेवाला नाम चुनें, एक लोकप्रिय यू-ट्यूबर बनने के लिए आपको यह तय करना पड़ेगा कि आपका चैनल क्या पेश करेगा, आप ऐसा क्या प्रदान करनेवाले हैं, जो कोई और नहीं कर सकता।

अपनी सामग्री से संबंधित दो शब्दों को जोड़ें, दो शब्दों को एक साथ जोड़कर एक अच्छा नाम बन सकता है। कई सारे यू-ट्यूब चैनल है, जिनका नाम दो शब्दों को जोड़कर बनाया गया है। जब तक आप अपने यू-ट्यूब चैनल के लिए अच्छा नाम नहीं चुनेंगे तो कोई आपके चैनल की ओर आकर्षित नहीं होगा, इसलिए एक ऐसा नाम चुनें, जो लोगों को आकर्षित करनेवाला हो।

अपने चैनल के उद्देश्य को परिभाषित करें

अपने चैनल के उद्देश्य को समझानेवाला नाम चुनें, एक लोकप्रिय यू-ट्यूबर बनने के लिए आपको यह तय करना पड़ेगा कि आपका चैनल क्या पेश करेगा, आप ऐसा क्या प्रदान करनेवाले हैं, जो कोई और नहीं कर सकता। हो सकता है कि आपके पास कॉमेडी, मजेदार, हास्यास्पद, अति उत्कृष्ट और वेब श्रृंखला के कुछ ब्रैंड हों या हो सकता है कि आपमें ऐसा हुनर हो, जो किसी और में न हो। आप उसी उद्देश्य के अनुसार अपने चैनल का नाम चुन सकते हैं।

सामग्री से संबंधित नाम चुनें

आपके चैनल का नाम आपकी सामग्री (वीडियोज) से संबंधित होना चाहिए, प्रासंगिक नाम हमेशा से ही ज्यादा आकर्षक होता है। आपके चैनल का नाम आपके दर्शकों को यह बताता है कि आपके चैनल और वीडियो में क्या है। एक विशिष्ट और प्रासंगिक नाम से आप बहुत सारे दर्शकों को आकर्षित कर सकते हैं। यदि आप स्वास्थ्य से संबंधित वीडियो बनाना चाहते हैं तो आप अपने चैनल के लिए 'स्वास्थ्य टिप्स' नाम चुन सकते हैं।

लोकप्रिय शब्द चुनें

लोकप्रिय नाम का चयन करें। अपने दर्शकों की पसंद और लोकप्रियता के बारे में सोचें और एक ऐसा नाम चुनें, जो हर जगह पर लोकप्रिय हो, जिसे एक बार पढ़ने और सुनने पर भुलाया न जा सके, जैसे कि अगर आप खगोल पर चैनल बना रहे हैं तो 'ब्रह्मांड' और 'आकाशगंगा' जैसे शब्द का उपयोग कर सकते हैं, उदाहरण के तौर पर 'मार्वेल्स' और 'गैलेक्सी' नाम भी अच्छे हैं।

लोकप्रिय नाम का चयन करें। अपने दर्शकों की पसंद और लोकप्रियता के बारे में सोचें और एक ऐसा नाम चुनें, जो हर जगह पर लोकप्रिय हो, जिसे एक बार पढ़ने और सुनने पर भुलाया न जा सके, जैसे कि अगर आप खगोल पर चैनल बना रहे हैं तो 'ब्रह्मांड' और 'आकाशगंगा' जैसे शब्द का उपयोग कर सकते हैं, उदाहरण के तौर पर 'मार्वेल्स' और 'गैलेक्सी' नाम भी अच्छे हैं।

याद रखने में आसान नाम चुनें

किसी भी तरह की कामयाबी में मौखिक बात की मुख्य भूमिका होती है। अपने दर्शकों को याद रखने और अन्य लोगों की सिफारिश

करने के लिए उलझा हुआ नाम कठिन हो सकता है। ऐसा नाम चुनें, जो जादू करने और याद रखने में आसान हो, ताकि लोग उसके बारे में चर्चा करने लगें।

अश्लीलता के प्रयोग से बचें

अपमानजनक या अश्लील चुटकुले का उपयोग करने से बचें। यू-ट्यूब पर भाषण देने की आजादी है, पर इसका मतलब यह नहीं है कि आप गलत शब्दों और भाषा का उपयोग करें। बहुत से लोग वीडियो में गलत भाषा का उपयोग करते हैं। यहाँ तक कि कुछ लोग तो अपमानजनक नाम से अपना चैनल बना लेते हैं, पर यह सब यू-ट्यूब के नियम के खिलाफ और गलत है। इनका भविष्य अंधकारमय होगा। अपने यूजर नाम और चैनल के नाम में गलत शब्दों का उपयोग करके आप उन लोगों को नजरअंदाज करते हैं, जो असभ्यता पसंद नहीं करते। आप 'टॉयलेट' जैसे नाम को नजरअंदाज करें और अपने चैनल के लिए अच्छा रुचिकर नाम चुनें।

अपमानजनक या अश्लील चुटकुले का उपयोग करने से बचें। यू-ट्यूब पर भाषण देने की आजादी है, पर इसका मतलब यह नहीं है कि आप गलत शब्दों और भाषा का उपयोग करें। बहुत से लोग वीडियो में गलत भाषा का उपयोग करते हैं।

दोहराव से बचें

बहुत से लोग मशहूर चैनलों के नाम देखकर उनसे मिलते-जुलते नाम चुन लेते हैं, जिससे वे उन लोगों के कॉपी-पेस्ट हो जाते हैं। अपने यू-ट्यूब चैनल नाम को आधिकारिक बनाने से पहले चेक करें कि अमुक नाम का कोई अन्य चैनल तो मौजूद नहीं है। आप इसका पता

गूगल और यू-ट्यूब पर सर्च करके लगा सकते हैं। यदि आपके चैनल का नाम किसी और चैनल से मिलता है तो आप अपने चैनल के लिए कोई और नाम चुन सकते हैं, ताकि आपकी अलग पहचान बन सके।

डोमेन और यूजरनेम फ्री नाम चुनें

अगर आप अपने चैनल को लोकप्रिय बनाना चाहते हैं, तो उसके लिए आपकी एक वेबसाइट या ब्लॉग का होना भी आवश्यक है, लेकिन उससे भी जरूरी है कि उस नाम का यूजरनेम उपलब्ध हो। जैसे आप फनी नाम से यू-ट्यूब चैनल बना रहे हैं और उसका यूजरनेम फनी उपलब्ध नहीं है तो बहुत से दर्शक उस चैनल पर चले जाएँगे, जिसका यूजरनेम फनी है, साथ ही आपके यू-ट्यूब चैनल नाम का डोमेन नाम भी उपलब्ध होना चाहिए, ताकि भविष्य में आप अपने चैनल के लिए वेबसाइट और ब्लॉग बना सकें, इससे आप साइट को चैनल से और चैनल को साइट से बढ़ावा दे सकते हैं।

अगर आप अपने चैनल को लोकप्रिय बनाना चाहते हैं, तो उसके लिए आपकी एक वेबसाइट या ब्लॉग का होना भी आवश्यक है, लेकिन उससे भी जरूरी है कि उस नाम का यूजरनेम उपलब्ध हो। जैसे आप फनी नाम से यू-ट्यूब चैनल बना रहे हैं और उसका यूजरनेम फनी उपलब्ध नहीं है तो बहुत से दर्शक उस चैनल पर चले जाएँगे, जिसका यूजरनेम फनी है, साथ ही आपके यू-ट्यूब चैनल नाम का डोमेन नाम भी उपलब्ध होना चाहिए।

सारांश

आपके वीडियो की गुणवत्ता के साथ ही आपके चैनल का नाम अच्छा होना भी महत्त्वपूर्ण है, क्योंकि लोग वीडियो से ज्यादा चैनल के नाम को पसंद करते हैं, इसीलिए एक ऐसा नाम चुनें, जिसे सभी पसंद

करें और अपने दोस्तों और बाकी लोगों को बता सकें। किसी और चैनल के नाम से मिलता-जुलता नाम चुनने से अच्छा है, आप ऐसा नाम चुनें, जो सबसे अलग हो। इससे आपकी पहचान बिल्कुल वैसी बनेगी, जैसे सौ काली शर्ट पहननेवाले लोगों में एक सफेद शर्ट पहननेवाले व्यक्ति की होती है। इसके बाद आपको अपने चैनल के नाम के काबिल बनना है। जैसा आप नाम चुनते हैं, लोगों को वैसा ही करके दिखाना है, क्योंकि यू-ट्यूब पर हुनर चलता है, जो आपमें होना जरूरी है।

□

यू-ट्यूब चैनल और डिसक्रिप्शन

आपको यू-ट्यूब पर लाखों वीडियोज मिल जाएँगे, इन लाखों वीडियोज में आप अपने वीडियो पर ज्यादा व्यूअर कैसे ला सकते हैं। इसका जवाब है, आपके यू-ट्यूब चैनल का डिसक्रिप्शन, आपके वीडियोज पर ज्यादा व्यूअर ला सकता है और यह सब कैसे होगा, यह आगे बताया जाएगा।

आप अपने यू-ट्यूब चैनल पर जरूर चाहेंगे कि आपके वीडियो पर ज्यादा-से-ज्यादा व्यूअर आएँ। अगर ज्यादा व्यूअर नहीं आ रहे हैं तो आपको अपने चैनल को लेकर चिंता करने की जरूरत है। हो सकता है कि आपके चैनल के साथ कोई समस्या हो।

अगर आपका वीडियो सुपर क्वालिटी का है, फिर भी कोई व्यूअर नहीं है तो ऐसा इसलिए है, क्योंकि आपने अपने यू-ट्यूब चैनल का डिसक्रिप्शन सही से नहीं लिखा है या फिर बिल्कुल ही नहीं लिखा है।

आपका डिसक्रिप्शन व्यूअर को आपके चैनल और वीडियो के बारे में पूरी जानकारी देता है कि आपका चैनल किस विषय के बारे में है। डिसक्रिप्शन द्वारा आप अपने विजिटर को बता सकते हैं कि उनको आपका वीडियो क्यों देखना चाहिए। अगर उनको पता नहीं होगा तो वे आपके सभी वीडियोज को नहीं देखेंगे, क्योंकि व्यूअर के पास इतना फालतू समय नहीं होता।

दूसरी बात आपको पता होनी चाहिए कि जब कोई विजिटर यू-ट्यूब में किसी विषय पर वीडियो सर्च करता है तो यू-ट्यूब सबसे पहले उन्हीं वीडियो की लिस्ट बनाता है, जिनमें डिसक्रिप्शन में सही की-वड्र्स के साथ चैनल का विवरण लिखा होता है।

अगर आपने कोई वीडियो बनाया है; जैसे कि 'हाउ टू प्ले क्रिकेट'। अब मान लेते हैं कि इस विषय के वीडियो यू-ट्यूब पर कुल आठ हैं। तब यू-ट्यूब एल्गोरिदम आठों वीडियो की क्वालिटी देखेगा और फिर चैनल का विवरण देखेगा। जैसे कि लोगो, बैनर और डिसक्रिप्शन भी। अगर आठों वीडियो में से सिर्फ आपने डिसक्रिप्शन सही की-वड्र्स के साथ लिखा है तो आपका वीडियो सर्च रिजल्ट में हमेशा फर्स्ट आएगा।

अगर आपने कोई वीडियो बनाया है; जैसे कि 'हाउ टू प्ले क्रिकेट'। अब मान लेते हैं कि इस विषय के वीडियो यू-ट्यूब पर कुल आठ हैं। तब यू-ट्यूब एल्गोरिदम आठों वीडियो की क्वालिटी देखेगा और फिर चैनल का विवरण देखेगा। जैसे कि लोगो, बैनर और डिसक्रिप्शन भी।

वैसे डिसक्रिप्शन के अलावा और भी कई तत्त्व हैं, जो यू-ट्यूब एल्गोरिदम या फिर वीडियो सर्च रिजल्ट को प्रभावित करते हैं।

सही की-वर्ड का चुनाव

अपने चैनल के लिए सबसे पहले सही की-वर्ड का चुनाव करें। सही की-वर्ड से मतलब है कि आपने अपना चैनल किस विषय पर बनाया है। आपका वीडियो किस विषय पर है और उस विषय पर सबसे ज्यादा सर्च किस की-वर्ड पर है, क्योंकि सही की-वर्ड के साथ आपका चैनल यू-ट्यूब एल्गोरिदम में टॉप पर आ सकता है। आप सही की-वर्ड चुनने के लिए की-वर्ड रिसर्च टूल की भी मदद ले सकते हैं। इसके लिए

गूगल एडवर्ड अच्छा है, क्योंकि यह गूगल का अपना की-वर्ड प्लानर है और फ्री में काफी अच्छा है।

डिसक्रिप्शन एडिट करना

अपना यू-ट्यूब अकाउंट ओपन करें। व्यू चैनल पर क्लिक करें। आपके चैनल का मेन पेज खुल जाएगा। वहाँ आपको चैनल डिसक्रिप्शन पर क्लिक करना है। जब आप डिसक्रिप्शन लिख लें, तब आप फाइनली डन पर क्लिक कर दें।

जरूरी टिप्स

- आपके यू-ट्यूब चैनल पर जिस विषय से संबंधित वीडियो हैं, उनसे संबंधित की-वर्ड ही यूज करें।
- एक ही की-वर्ड को यू-ट्यूब चैनल के डिसक्रिप्शन में बार-बार यूज न करें।
- सही की-वर्ड का चुनाव करने के लिए की-वर्ड रिसर्च टूल का उपयोग जरूर करें।
- यू-ट्यूब चैनल का डिसक्रिप्शन कम-से-कम 200 से 300 शब्दों का रखें।

वीडियो का डिसक्रिप्शन लिखना कोई कठिन प्रक्रिया नहीं है। आप उपर्युक्त स्टेप द्वारा एक अच्छा डिसक्रिप्शन लिख सकते हैं और अपने चैनल को टॉप रैंक में ला सकते हैं।

□

यू-ट्यूब से कमाई के महारथी बनें

अगर आप भी यू-ट्यूबर बनकर पैसा कमाना चाहते हैं तो अपना यू-ट्यूब चैनल खोलकर यह सपना पूरा कर सकते हैं। आइए, जानते हैं, आखिर यह सपना कैसे पूरा हो सकता है और यू-ट्यूब से कमाई करने के लिए आपको किन बातों का ध्यान रखना होगा।

सबसे पहले यू-ट्यूब पर चैनल शुरू करें—यू-ट्यूब से कमाई करने का सबसे पहला स्टेप है, यू-ट्यूब चैनल खोलना। अपने यू-ट्यूब अकाउंट को गूगल एडसेंस से लिंक करें। इसके लिए यू-ट्यूब की कुछ पॉलिसीज हैं, जिन्हें आपको पढ़ना होगा। अगर आप एलिजिबल हुए तो गूगल आपके वीडियोज में विज्ञापन देना शुरू कर देगा। इसके जरिए आप अच्छी-खासी कमाई कर सकते हैं।

स्पॉन्सर्ड वीडियो

यू-ट्यूब पर आप स्पॉन्सर्ड वीडियो के जरिए कमाई कर सकते हैं। इसमें आप किसी कंपनी, ब्रैंड या दुकान का एक्सक्लूसिव वीडियो अपलोड कर सकते हैं। अगर इसे आसान भाषा में कहें तो आपको एक तरह से किसी कंपनी या ब्रैंड का प्रचार करना है। उदाहरण के लिए, अगर आपका चैनल यात्रा से संबंधित है तो आप किसी होटल या लॉज का स्पॉन्सर्ड वीडियो बना सकते हैं। इससे आप यू-ट्यूब के अलावा भी

कमाई कर सकते हैं। बस, इसके लिए आपको इन बिजनेस कंपनियों को भरोसा दिलाना होगा कि आपके वीडियो को यूजर्स पसंद करेंगे, जिससे उन्हें फायदा होगा।

लिंक के जरिए करें कमाई

अगर आप अपने यू-ट्यूब वीडियो पर किसी ब्रैंड या प्रोडक्ट के बारे में बता रहे हैं, तो अच्छा होगा कि उस प्रोडक्ट का लिंक भी इंट्रोडक्शन में दें। इससे अगर कोई यूजर उस लिंक पर क्लिक करके सामान खरीदता है तो कंपनी आपको इसके बदले कुछ हिस्सा देती है।

आइडिया का ध्यान रखें

यू-ट्यूब पर हर रोज लाखों वीडियो अपलोड हो रहे हैं, इसलिए अपने वीडियो के व्यूज बढ़ाने के लिए उसका यूनिक होना आवश्यक है। आप अपने यूनिक आइडिया और यूजर फ्रैंडली कंटेंट से अपने वीडियो के व्यूज बढ़ा सकते हैं, साथ ही यह भी ध्यान रखें कि वीडियो की क्वालिटी भी अच्छी होनी आवश्यक है। दरअसल खराब वीडियो को लोग देखना कम पसंद करते हैं।

यू-ट्यूब पर हर रोज लाखों वीडियो अपलोड हो रहे हैं, इसलिए अपने वीडियो के व्यूज बढ़ाने के लिए उसका यूनिक होना आवश्यक है। आप अपने यूनिक आइडिया और यूजर फ्रैंडली कंटेंट से अपने वीडियो के व्यूज बढ़ा सकते हैं, साथ ही यह भी ध्यान रखें कि वीडियो की क्वालिटी भी अच्छी होनी आवश्यक है।

लगातार वीडियो अपलोड करें

चैनल शुरू करने के बाद सबसे अहम काम है कि आप वीडियो अपलोड करें। अगर आप यू-ट्यूब चैनल से कमाई करने की मंशा रखते हैं तो हफ्ते में एक या दो वीडियोज अपलोड करते रहें। ज्यादा

वीडियो डालने से आपके चैनल के टोटल व्यूज लगातार बढ़ते रहेंगे, साथ ही, वीडियो अपलोड करते वक्त कॉपीराइट, मीडिया लॉ आदि का ध्यान रखें।

ऐसे मिलेंगे व्यूज

जब भी आप कोई अपलोड चैनल पर करते हैं तो वीडियो डिस्क्रिप्शन जरूर लिखें। इसके अलावा टैगिंग जरूर करें। टैगिंग सेक्शन में ऐसे की-वर्ड डालिए, जिनसे आपको लगता है कि आपका वीडियो सर्च में आएगा, क्योंकि व्यूज बढ़ाने का यह एक अहम जरिया है। अपलोड के वक्त ज्यादा-से-ज्यादा टैग डालें और उस टॉपिक से रिलेटेड की-वर्ड का इस्तेमाल करें।

जब भी आप यू-ट्यूब चैनल बनाएँ, तो उसके साथ ही सोशल मीडिया, जैसे फेसबुक, ट्विटर आदि पर भी एक पेज बना लें, साथ ही, इस फेसबुक पेज के लाइक्स बढ़ाने का प्रयास करते रहें। आपके फेसबुक पेज के लाइक्स आपके व्यूज बढ़ाने में मदद करेंगे। सोशल मीडिया पर अपने यू-ट्यूब वीडियो का लिंक पोस्ट करते रहें।

सोशल मीडिया

जब भी आप यू-ट्यूब चैनल बनाएँ, तो उसके साथ ही सोशल मीडिया, जैसे फेसबुक, ट्विटर आदि पर भी एक पेज बना लें, साथ ही, इस फेसबुक पेज के लाइक्स बढ़ाने का प्रयास करते रहें। आपके फेसबुक पेज के लाइक्स आपके व्यूज बढ़ाने में मदद करेंगे। सोशल मीडिया पर अपने यू-ट्यूब वीडियो का लिंक पोस्ट करते रहें। आप सवाल से संबंधित वीडियो बनाकर कौरा में अपने जवाब दें और वहाँ लिंक पेस्ट कर दें, जिससे लोग आपके वीडियो को देखने लगेंगे।

चैनल का डिजाइन आकर्षक हो

आपका यू-ट्यूब चैनल पेज एक दर्पण की तरह होता है और यह आपकी क्रिएटिविटी को दरशाता है। यू-ट्यूब पर कई ले-आउट और डिजाइन टेम्प्लेट्स भी होते हैं, इसलिए उनके सहारे से यूजर फ्रैंडली चैनल तैयार करें।

कमाई ऐसे होगी शुरू

यू-ट्यूब पर सिर्फ वीडियो अपलोड कर कमाई नहीं होगी। आपकी कमाई तब ही शुरू होगी, जब आप यू-ट्यूब के 'मॉनिटाइजेशन' प्रोग्राम के लिए अप्लाई करेंगे। अप्लाई करने के लिए आप बाईं ओर दिए गए 'चैनल' सेक्शन में जाएँ। वहाँ आपको यह ऑप्शन दिखेगा।

यू-ट्यूब पर सिर्फ वीडियो अपलोड कर कमाई नहीं होगी। आपकी कमाई तब ही शुरू होगी, जब आप यू-ट्यूब के 'मॉनिटाइजेशन' प्रोग्राम के लिए अप्लाई करेंगे। अप्लाई करने के लिए आप बाईं ओर दिए गए 'चैनल' सेक्शन में जाएँ। वहाँ आपको यह ऑप्शन दिखेगा।

कमाई की शर्तें

मोनेटाइजेशन प्रोग्राम के यू-ट्यूब ने नियम बदल दिए हैं। अब आप तब तक इसके लिए अप्लाई नहीं कर सकते, जब तक आपके चैनल पर कम-से-कम दस हजार व्यूज नहीं हो जाते। दस हजार व्यूज होने के बाद 'मॉनिटाइजेशन' ऑप्शन पर क्लिक करें। क्लिक करने के बाद आपको अपनी इ-मेल आई.डी. डालनी होगी। इसके बाद करीब दो दिन के भीतर आपको अप्रूवल मिल जाएगा।

हर वीडियो करें मॉनिटाइज

मॉनिटाइजेशन का अप्रूवल आने के बाद आपको हर वीडियो में मॉनिटाइजेशन इनेबल करना पड़ता है। इसके लिए आप एडिट वीडियो

ऑप्शन चुनकर मॉनिटाइजेशन टैब में जाएँ। वहाँ इसे इनेबल कर दें। याद रखिए, ये इनेबल होगा, तभी आपके वीडियो अर्निंग करेंगे।

मॉनिटाइजेशन हो सकता है रद्द

यू-ट्यूब आपको मॉनिटाइजेशन के लिए अप्रूवल देने से पहले यह चेक करता है कि आपने कहीं उसके नियम व शर्तों का उल्लंघन तो नहीं किया है। इसलिए जरूरी है कि अपने यू-ट्यूब चैनल पर कोई भी कॉपीराइटेड वीडियो न डालें। अगर यू-ट्यूब की पकड़ में आपके चैनल पर कोई ऐसा वीडियो आता है, जिस पर किसी और का कॉपीराइट है, ऐसे में आपको अप्रूवल मिलना मुश्किल हो जाएगा।

यू-ट्यूब आपको मॉनिटाइजेशन के लिए अप्रूवल देने से पहले यह चेक करता है कि आपने कहीं उसके नियम व शर्तों का उल्लंघन तो नहीं किया है। इसलिए जरूरी है कि अपने यू-ट्यूब चैनल पर कोई भी कॉपीराइटेड वीडियो न डालें।

यहाँ सेव करें बैंक डिटेल

अप्रूवल मिलने के बाद गूगल एडसेंस की वेबसाइट पर जाएँ। यहाँ अपनी इ-मेल आई.डी. से लॉग-इन करके आप अपनी बैंक डिटेल, एड्रेस व अन्य जानकारी अपडेट कर सकते हैं।

ऐसे मिलेगी पहली पेमेंट

यू-ट्यूब आपको पहली पेमेंट तभी भेजेगा, जब आप अपने वीडियोज के जरिए कम-से-कम 100 डॉलर कमा लेंगे। जैसे ही आपके अकाउंट में 100 डॉलर हो जाएँगे, गूगल आपको भारतीय मुद्रा में 100 डॉलर भेजेगा। हालाँकि इससे पहले गूगल एक पिन आपके एड्रेस पर भेजता है। इसे वेरीफाई करने के बाद ही गूगल पेमेंट जारी करता है।

यह बात याद रखें

यू-ट्यूब वह वीडियो प्लेटफॉर्म है, जहाँ आप अपनी प्रतिभा का प्रदर्शन कर कमाई कर सकते हैं, लेकिन ध्यान रखिए, इसके जरिए कमाई में समय लगता है। अगर आप लाखों रुपए में कमाई करना चाहते हैं तो ब्रैंड्स से जुड़ सकते हैं। हालाँकि इसके लिए आपके व्यूज करोड़ों में होने जरूरी होते हैं।

यू-ट्यूब का लक्ष्य सभी की आवाज को दुनिया तक पहुँचाना और उन्हें दुनिया से रूबरू कराना है।

यू-ट्यूब का मानना है कि सभी को अपनी आवाज उठाने का अधिकार है और दूसरों की बात सुनकर, अपनी बात कहकर और अपनी कहानियों के जरिए समुदाय का निर्माण कर हम दुनिया को बेहतर बना सकते हैं।

> ***यू-ट्यूब का मानना है कि सभी को अपनी आवाज उठाने का अधिकार है और दूसरों की बात सुनकर, अपनी बात कहकर और अपनी कहानियों के जरिए समुदाय का निर्माण कर हम दुनिया को बेहतर बना सकते हैं।***

यू-ट्यूब के मूल्य इन चार महत्त्वपूर्ण आजादियों से मिलकर बने हैं—

1. अभिव्यक्ति की आजादी

यू-ट्यूब का मानना है कि लोगों को आजादी से बात करने, राय साझा करने और खुलकर बातचीत करने का मौका मिलना चाहिए, साथ ही वह मानता है कि रचनात्मक आजादी ही नई आवाजों, स्वरूपों और संभावनाओं को जन्म देती है।

2. सूचना की आजादी

यू-ट्यूब का मानना है कि सभी को जानकारी तक आसान पहुँच

मिलनी चाहिए और शिक्षा, समझ बढ़ाने और दुनिया की छोटी-बड़ी घटनाओं का लेखा-जोखा रखने के लिए वीडियो एक शक्तिशाली माध्यम है।

3. अवसर की आजादी

यू-ट्यूब का मानना है कि सभी को अपनी पहचान बनाने, व्यवसाय स्थापित करने और अपनी शर्तों पर सफल होने का मौका मिलना चाहिए और आम लोग, न कि कुछ खास व्यक्ति, यह तय करें कि क्या लोकप्रिय होना चाहिए।

यू-ट्यूब का मानना है कि सभी को अपनी पहचान बनाने, व्यवसाय स्थापित करने और अपनी शर्तों पर सफल होने का मौका मिलना चाहिए और आम लोग, न कि कुछ खास व्यक्ति, यह तय करें कि क्या लोकप्रिय होना चाहिए।

4. जुड़ने की आजादी

यू-ट्यूब का मानना है कि सभी लोगों को मदद करनेवाले समुदाय खोजने, बाधाओं को तोड़ने, अपनी सीमाओं के पार जाने और साझा रुचि और जुनून रखनेवाले लोगों के साथ जुड़ने का अवसर मिलना चाहिए।

यू-ट्यूब का पहला वीडियो

कोई भी गाना हो या वीडियो, जिसे हम देखना चाहते हैं, वह यू-ट्यूब प्लेटफॉर्म पर मिल जाएगा। यू-ट्यूब उन प्लेटफॉर्म में से एक है, जो सबसे ज्यादा इंटरनेट की खपत करता है, लेकिन क्या आपको पता है कि यू-ट्यूब ने इस मुकाम को हासिल करने में बहुत कम समय लिया। खास बात है कि सिर्फ 15 साल पहले 23 अप्रैल, 2005 को यू-ट्यूब पर सबसे पहले वीडियो को अपलोड किया गया था। इस वीडियो को

यू-ट्यूब के को-फाउंडर जावेद करीम ने 23 अप्रैल, 2005 को अपलोड किया। यह वीडियो सिर्फ 18 सेकंड लंबा था। इस वीडियो को जावेद के दोस्त याकोव लापित्स्की ने रिकॉर्ड किया था।

'मी एट द जू' नाम के इस वीडियो को अब तक 6 करोड़ से ज्यादा बार देखा जा चुका है। इस वीडियो में जावेद सैन डिएगो शहर के एक चिड़ियाघर में हैं और वे हाथियों के सामने खड़े होकर उनके बारे में बात कर रहे हैं। वीडियो में जावेद बताते हैं कि इस जानवर के बारे में सबसे दिलचस्प है कि इसकी सूँड़ बहुत, बहुत, बहुत लंबी होती है।

'मी एट द जू' नाम के इस वीडियो को अब तक 6 करोड़ से ज्यादा बार देखा जा चुका है। इस वीडियो में जावेद सैन डिएगो शहर के एक चिड़ियाघर में हैं और वे हाथियों के सामने खड़े होकर उनके बारे में बात कर रहे हैं।

खुद का प्रोडक्ट

अगर आपका कोई खुद का प्रोडक्ट है, जैसे कि आप टी-शर्ट पर कोई डिजाइन बनाते हैं और टी-शर्ट भेजते हैं तो इस तरह का कोई भी आपका बिजनेस है तो आप यू-ट्यूब पर उससे संबंधित वीडियो बनाकर अपने प्रोडक्ट को फ्री में प्रमोट कर सकते हैं और उससे पैसे भी कमा सकते हैं।

बेचें वीडियोज

यू-ट्यूब पर आप अपने हर तरह के वीडियो बेच भी सकते हैं। इसके लिए आपके वीडियो में क्वालिटी होनी चाहिए और वह लोगों को पसंद आने चाहिए। आप किसी भी विषय के बारे में वीडियो बनाकर लोगों को बता सकते हैं और उस वीडियो को बेच भी सकते हैं।

प्रोडक्ट रिव्यू

यू-ट्यूब पर सबसे ज्यादा आय किसी भी प्रोडक्ट के रिव्यू पर मिलती है। अगर आपके चैनल पर अच्छे सब्सक्राइबर हैं और आपके वीडियो पर बहुत व्यू आते हैं तो आपके पास कई कंपनियों से ऑफर आएँगे कि आप उनका प्रोडक्ट भी रिव्यू करें और आपको वह फ्री में प्रोडक्ट भी देंगे और उसके रिव्यू करने के पैसे भी देंगे।

यू-ट्यूब से आप असीमित पैसे कमा सकते हैं। अगर आपके वीडियो में व्यू अच्छे आ रहे हैं तो आप अच्छी अर्निंग कर पाएँगे। यू-ट्यूब पर आपको व्यू के हिसाब से पैसे मिलते हैं; लेकिन इसका कोई रेट फिक्स नहीं है, अगर आपके वीडियो पर व्यू बाहर से आ रहे हैं, जैसे अमेरिका, इंग्लैंड से तो आपकी कमाई बहुत ज्यादा होगी, लेकिन अगर सिर्फ आपके व्यू भारत से आ रहे हैं तो आपकी अर्निंग बहुत कम होगी।

यू-ट्यूब से कितने पैसे कमा सकते हैं?

यू-ट्यूब से आप असीमित पैसे कमा सकते हैं। अगर आपके वीडियो में व्यू अच्छे आ रहे हैं तो आप अच्छी अर्निंग कर पाएँगे। यू-ट्यूब पर आपको व्यू के हिसाब से पैसे मिलते हैं; लेकिन इसका कोई रेट फिक्स नहीं है, अगर आपके वीडियो पर व्यू बाहर से आ रहे हैं, जैसे अमेरिका, इंग्लैंड से तो आपकी कमाई बहुत ज्यादा होगी, लेकिन अगर सिर्फ आपके व्यू भारत से आ रहे हैं तो आपकी अर्निंग बहुत कम होगी। लगभग 1,00,000 व्यू पर 25 डॉलर के करीब।

ज्यादा कमाई करें

यू-ट्यूब पर आपको पैसे व्यू के हिसाब से मिलते हैं, तो अगर आप

यू-ट्यूब से ज्यादा अर्निंग करना चाहते हैं तो अपने यू-ट्यूब वीडियो के व्यू ज्यादा कराएँ, इसके लिए आप अपने व्यू को फेसबुक, ट्विटर पर शेयर कर सकते हैं और ऐसे वीडियो बनाने की कोशिश करें, जो वायरल हो सकें, जिन्हें लोग ज्यादा शेयर करें, जो लोगों को ज्यादा पसंद आएँ।

नए फीचर, ज्यादा कमाई

यू-ट्यूब पर आप अपनी कमाई को बढ़ा सकते हैं। हजारों चैनल्स की कमाई इन फीचर का इस्तेमाल करके दोगुनी हो गई है। यू-ट्यूब क्रिएटर्स अब अपने यू-ट्यूब वीडियो की मदद से ज्यादा पैसे बना सकते हैं। यू-ट्यूब ने कुछ नए फीचर जारी किए हैं, जिनकी मदद से क्रिएटर्स अपनी कमाई बढ़ा सकते हैं। जानिए, क्या हैं ये फीचर्स—

सुपर चैट फीचर्स फैंस को लाइव स्ट्रीमिंग या प्रीमियर के दौरान मैसेज खरीदने की सुविधा प्रदान करता है। यू-ट्यूब पर 90 हजार ऐसे चैनल हैं, जिनके पास सुपर चैट है, जिसकी मदद से वे हर मिनट 400 डॉलर (लगभग 27,500 रुपए) कमा रहे हैं।

सुपर चैट

सुपर चैट फीचर्स फैंस को लाइव स्ट्रीमिंग या प्रीमियर के दौरान मैसेज खरीदने की सुविधा प्रदान करता है। यू-ट्यूब पर 90 हजार ऐसे चैनल हैं, जिनके पास सुपर चैट है, जिसकी मदद से वे हर मिनट 400 डॉलर (लगभग 27,500 रुपए) कमा रहे हैं। इस वक्त सुपर चैट यू-ट्यूब पर कमाई का एक अच्छा जरिया है, जिसकी मदद से 20 हजार चैनल की कमाई पिछले एक साल में 65 फीसदी तक बढ़ी है।

सुपर स्टीकर

सुपर स्टीकर फीचर फैंस को लाइव स्ट्रीमिंग और प्रीमियर के दौरान

एनिमेटेड स्टीकर खरीदने की सुविधा प्रदान करता है, जिसकी मदद से वे अपने पसंदीदा क्रिएटर्स को बता सकते हैं कि वे उन्हें कितना पसंद करते हैं। ये स्टीकर विभिन्न डिजाइन, भाषा और कैटेगरी में आते हैं।

चैनल मेंबरशिप

फैंस यूनिट बैज, नए इमोजी और स्पेशल सुविधाओं, जैसे एक्सक्लूसिव लाइव स्ट्रीमिंग, एक्स्ट्रा वीडियो आदि के लिए हर महीने 4.99 डॉलर का भुगतान कर सकते हैं। यू-ट्यूब में एक नया फीचर जोड़ा गया है मेंबरशिप लेवल का, जिसकी मदद से क्रिएटर्स मेंबरशिप के पाँच स्टेप तक सेट कर सकते हैं और सभी स्टेप के लिए अलग सुविधा और पैसा रख सकते हैं।

मर्च शेल्फ

क्रिएटर्स डायरेक्ट अपने यू-ट्यूब चैनल के माध्यम से अपने फैंस को विभिन्न चीजें बेच सकते हैं। यू-ट्यूब ने इसके लिए 5 नए पार्टनर भी जोड़े हैं, जिसकी मदद से योग्य क्रिएटर्स अपने चैनल पर सीधे बिक्री कर सकते हैं।

□

यू-ट्यूब चैनल के लिए बेहतरीन विषय

आज के समय में सबसे ज्यादा इंटरनेट का इस्तेमाल होता है और इंटरनेट पर बहुत से लोग काम करके पैसा कमाते हैं, क्योंकि बहुत सी वेबसाइट और यू-ट्यूब चैनल आज के समय में लोगों ने बनाए हैं और उस पर लाखों रुपए कमा रहे हैं, क्योंकि इंटरनेट का लोग सबसे ज्यादा इस्तेमाल करते हैं, इंटरनेट पर एक जगह पर बैठकर बहुत सी जानकारी पा सकते हैं, उसे लाइव भी देख सकते हैं और डाउनलोड करके भी देख सकते हैं।

अगर हम इंटरनेट का थोड़ा सोच-समझकर इस्तेमाल करें, तो हम उसी इंटरनेट के कारण पैसे भी कमा सकते हैं। कई लोग यू-ट्यूब चैनल तो बना लेते हैं, लेकिन वे कमाई नहीं कर पाते, क्योंकि या तो उनके वीडियो पर विजिटर नहीं आते या वे अपने वीडियो एक बार डालने के बाद दोबारा डालते नहीं हैं और उनका चैनल आगे ग्रोथ नहीं करता।

अगर आप किसी अच्छी चीज के वीडियो को नहीं डालते हैं तो शायद आपके यू-ट्यूब चैनल पर सब्सक्राइबर नहीं होंगे, क्योंकि आज के समय में बहुत ही अच्छा वीडियो बनाना जरूरी है और वह भी अच्छी क्वालिटी के साथ।

ये कुछ ऐसे विषय हैं, जिनका इस्तेमाल करके आप अपने चैनल की ग्रोथ कर सकते हैं—

गेमिंग वीडियो

अगर आप गेमिंग वीडियो बनाकर डालते हैं तो आपका चैनल बहुत जल्दी ग्रोथ करेगा और बहुत ही जल्दी आपके चैनल पर व्यू आएँगे और अच्छे-अच्छे सब्सक्राइबर भी होंगे, तो इसके लिए आपको सबसे ज्यादा गेमिंग वीडियो डालना बहुत ही जरूरी है। अगर आप यू-ट्यूब पर गेम वीडियो सर्च करेंगे तो आपको बहुत ही बढ़िया और लोकप्रिय वीडियो गेमिंग के चैनल दिखाई देंगे और उनके ऊपर बहुत ज्यादा व्यू और सब्सक्राइबर आपको मिलेंगे, क्योंकि आज के समय में बहुत ही बढ़िया चैनल गेमिंग वीडियो बनाते हैं और सबसे ज्यादा गेमिंग वीडियो के चैनल ग्रोथ करते हैं।

अगर आप यू-ट्यूब पर गेम वीडियो सर्च करेंगे तो आपको बहुत ही बढ़िया और लोकप्रिय वीडियो गेमिंग के चैनल दिखाई देंगे और उनके ऊपर बहुत ज्यादा व्यू और सब्सक्राइबर आपको मिलेंगे, क्योंकि आज के समय में बहुत ही बढ़िया चैनल गेमिंग वीडियो बनाते हैं और सबसे ज्यादा गेमिंग वीडियो के चैनल ग्रोथ करते हैं।

रिव्यू

इसका मतलब है, किसी चीज को अन-बॉक्स करते हुए उसके बारे में टेक न्यूज देना। आजकल बहुत से लोग टेक न्यूज देते हैं, उनके टेक्निकल चैनल बने हैं। आज के समय में यू-ट्यूब पर बहुत से ऐसे वीडियो मिल जाएँगे, जिनमें आप देख सकते हैं कि किस तरह ये वीडियो तैयार किए गए हैं। किसी भी इलेक्ट्रॉनिक्स गैजेट पर आप वीडियो बना सकते हैं। कोई भी नया गैजेट आया हो, उस पर आप वीडियो बना सकते हैं, जैसे—मोबाइल, टी.वी., घड़ी इत्यादि पर। इन पर वीडियो बनाकर आप टेक न्यूज दे सकते हैं। ऐसे चैनल आज के समय में बहुत आगे बढ़ चुके हैं। आप देख भी सकते हैं, यू-ट्यूब पर बहुत से ऐसे चैनल आपको

मिल जाएँगे और उन पर आपको बहुत विजिटर और सब्सक्राइबर मिल जाएँगे, इसलिए आप टेक न्यूज का वीडियो भी बना सकते हैं।

फनी वीडियो लाइब्रेरी

यू-ट्यूब पर बच्चों और जानवरों वगैरह के फनी वीडियोज काफी प्रचलित हैं। बहुत से लोग हैं, जो कंटेंट मार्केटिंग के लिए ऐसे वीडियोज की तलाश में रहते हैं और आप ऐसे जरूरतमंदों के लिए वीडियो लाइब्रेरी तैयार कर सकते हैं। जो स्टार्टअप्स में आपके वीडियोज का इस्तेमाल करना चाहते हों, आप उनसे लाइसेंसिंग का पैसा ले सकते हैं। आप कमीशन के तौर पर पैसा कमा सकते हैं। आजकल फेसबुक और यू-ट्यूब पर फनी वीडियो काफी संख्या में देखे जा रहे हैं। इसलिए आप एक ऐसी लाइब्रेरी तैयार कर सकते हैं, जिसमें फनी वीडियो डाल सकते हैं, साथ ही आप इसे यू-ट्यूब और फेसबुक के जरिए लोगों तक पहुँचा सकते हैं। इससे कुछ दिनों में आप अच्छा पैसा कमा सकते हैं। जो स्टार्टअप्स आपके वीडियोज का इस्तेमाल करना चाहते हों, आप उनसे लाइसेंसिंग का पैसा ले सकते हैं।

यू-ट्यूब पर बच्चों और जानवरों वगैरह के फनी वीडियोज काफी प्रचलित हैं। बहुत से लोग हैं, जो कंटेंट मार्केटिंग के लिए ऐसे वीडियोज की तलाश में रहते हैं और आप ऐसे जरूरतमंदों के लिए वीडियो लाइब्रेरी तैयार कर सकते हैं। जो स्टार्टअप्स में आपके वीडियोज का इस्तेमाल करना चाहते हों, आप उनसे लाइसेंसिंग का पैसा ले सकते हैं।

ऑनलाइन डांस क्लास

अगर आप अच्छे डांसर हैं और साथ में एक अच्छे टीचर भी हैं तो आप इस हुनर का सही इस्तेमाल कर सकते हैं। इसके लिए आपको

एक्सपर्ट होने की भी जरूरत नहीं है। अगर आप बेसिक डांस सिखाने की भी काबिलियत रखते हैं तो काफी है।

ऑनलाइन रिएलिटी शो

अगर रिएलिटी शोज टी.वी. पर लोकप्रिय हो सकते हैं तो ऑनलाइन क्यों नहीं? अगर आप नए और रोचक कॉन्सेप्ट के साथ रिएलिटी शो बना सकते हैं तो आपको ऑडियंस जरूर मिलेगी।

अगर रिएलिटी शोज टी.वी. पर लोकप्रिय हो सकते हैं तो ऑनलाइन क्यों नहीं? अगर आप नए और रोचक कॉन्सेप्ट के साथ रिएलिटी शो बना सकते हैं तो आपको ऑडियंस जरूर मिलेगी।

म्यूजिक लवर्स ग्रुप

आप चाहें तो म्यूजिक लवर्स को ऑनलाइन एक साथ जोड़ सकते हैं। ध्यान रखिएगा कि आप सारे म्यूजिक जॉनर्स को एक साथ कवर नहीं कर सकते, इसलिए आपको सटीक चुनाव करना होगा, जैसे कि हनी सिंह म्यूजिक लवर्स, क्लासिकल इंडियन म्यूजिक या फिर किशोर कुमार फैंस आदि। इसके लिए आपको प्रमोशन पर खास ध्यान देना होगा। एक वेबसाइट भी होनी जरूरी है, जहाँ पर लोग अपने विचार रख सकें। कुछ वक्त बाद आप मोबाइल एप भी शुरू कर सकते हैं।

म्यूजिक स्कूल

आप फ्री यू-ट्यूब चैनल से शुरुआत कर सकते हैं। यू-ट्यूब बेसिक लर्निंग के लिए अच्छा प्लेटफॉर्म है और लोग इसे प्राथमिकता देते हैं।

पार्टी ऑर्गनाइजर

इस बिजनेस में आने से पहले आपको ध्यान रखना होगा कि आपको अपनी टारगेट ऑडियंस तय करनी होगी और एक बार में एक ग्रुप को ही सर्विस देनी होगी। उदाहरण के तौर पर, आप शुरुआत किससे करेंगे, बच्चों से या फिर युवाओं से? एक वक्त पर एक ही ग्रुप की सहूलियतों का खयाल रखें।

किफायती कीमतों पर वायरल वीडियो बनाना

इस बिजनेस में आपके ऊपर निर्भर करता है कि आप कितने ग्राहकों को आकर्षित कर सकते हैं। शुरुआत में आप खुद ही वीडियो बना सकते हैं और अगर आपका काम चल निकले तो प्रोफेशनल्स की मदद भी ले सकते हैं। आप अपने रेट्स तय कर सकते हैं। अगर क्लाइंट आपको स्टोरीबोर्ड, इमेज और टेक्स्ट देता है तो आप एक मिनट के वीडियो के लिए 500 रुपए तक चार्ज कर सकते हैं। अगर आप सारा काम खुद ही कर रहे हैं तो आप 2 हजार रुपए तक चार्ज कर सकते हैं।

अगर क्लाइंट आपको स्टोरीबोर्ड, इमेज और टेक्स्ट देता है तो आप एक मिनट के वीडियो के लिए 500 रुपए तक चार्ज कर सकते हैं। अगर आप सारा काम खुद ही कर रहे हैं तो आप 2 हजार रुपए तक चार्ज कर सकते हैं।

बिजनेस मॉडल

आप अपनी सहूलियत के हिसाब से पे-पर-क्लिक और पे-पर-व्यू विज्ञापनों की मदद से पैसा कमा सकते हैं। इसके अलावा आप सेलिंग सर्विसों और उससे जुड़े प्रोडक्ट्स की मदद से भी कमाई कर सकते हैं। अगर आप लंबी प्लानिंग कर रहे हैं तो बड़े ब्रैंड्स, सेलेब्रिटीज, प्रोडक्शन हाउस और टी.वी. चैनल्स के साथ भी पार्टनरशिप कर सकते हैं।

क्रिकेट

भारतीय लोग क्रिकेट के प्रति अपनी दीवानगी के लिए पूरी दुनिया में मशहूर हैं। आप इस दीवानगी का इस्तेमाल अपने हक में कर सकते हैं।

क्रिकेटर फैन क्लब

क्रिकेट भी वैसे ही काम करता है, जैसे कि एंटरटेनमेंट इंडस्ट्री। आप अपना पसंदीदा प्लेयर चुनकर फैन क्लब बना सकते हैं।

आई.पी.एल. की दीवानगी आपके सभी संदेह दूर कर देगी। आप क्षेत्र विशेष को ध्यान में रखते हुए इस किस्म का ऑनलाइन स्पोर्ट्स क्लब बना सकते हैं।

रीजनल स्पोर्ट्स क्लब

आई.पी.एल. की दीवानगी आपके सभी संदेह दूर कर देगी। आप क्षेत्र विशेष को ध्यान में रखते हुए इस किस्म का ऑनलाइन स्पोर्ट्स क्लब बना सकते हैं।

न्यूज एंड ट्रेंड्स

आप लेटेस्ट क्रिकेट न्यूज और रोचक तथ्यों आदि की मदद से क्रिकेट न्यूज चैनल बना सकते हैं। मार्केटिंग पर बिना पैसा खर्च किए आप अपने चैनल पर फेसबुक से ऑडियंस ला सकते हैं।

रोचक तथ्य

आम जानकारी से इतर आप खिलाड़ियों, उनकी जिंदगी या फिर क्रिकेट, किसी भी विषय पर रोचक जानकारियाँ इकट्ठा कर उन्हें वायरल कर सकते हैं।

राजनीति

पॉलिटिक्स हमेशा से ही एक अच्छा डोमेन रहा है और आपको

इस पर चर्चा-परिचर्चा करना पसंद है तो आपके लिए कई विकल्प हैं। भारतीय ऑडियंस फेसबुक और ट्विटर पर राजनीतिक चर्चाओं पर अच्छा समय खर्च करती है। बीजेपी और आम आदमी पार्टी के समर्थक इंटरनेट पर छाएं रहते हैं।

सरकार के कामों का रिकॉर्ड

आप सरकार के अच्छे-बुरे कामों का रिकॉर्ड बनाकर प्रभाव पैदा कर सकते हैं। सरकारी योजनाओं और वादों के बारे में आप लेटेस्ट अपडेट लोगों के सामने नियमित तौर पर रख सकते हैं।

न्यूज को लोगों के सामने रखना

मीडिया के बहुत से प्रकार पहले से इंडस्ट्री में काम कर रहे हैं और हर कोई एक ही न्यूज को अपने-अपने तरीकों के पेश करता है। आप ऑनलाइन चैनल्स के माध्यम से न्यूज को लोगों के सामने खास तरीके से पेश कर सकते हैं। आप विभिन्न चैनल्स और राजनीतिक दलों को ऑनलाइन प्लेटफॉर्म पर ला सकते हैं।

> ***मीडिया के बहुत से प्रकार पहले से इंडस्ट्री में काम कर रहे हैं और हर कोई एक ही न्यूज को अपने-अपने तरीकों के पेश करता है। आप ऑनलाइन चैनल्स के माध्यम से न्यूज को लोगों के सामने खास तरीके से पेश कर सकते हैं।***

ऐप (मोबाइल या वेब) के जरिए खुलासे

इंटरनेट पर अपार जानकारियों की वजह से गलत खबरों की भी बड़ी आशंका रहती है। आप इन गलत और झूठी जानकारियों और तथ्यों के खुलासे के लिए एक प्लेटफॉर्म का विकल्प पेश कर सकते हैं।

स्टार्टअप्स और मार्केटिंग

आप बहुत से ऑन्त्रप्रेन्योर्स की नया बिजनेस शुरू करने, मार्केटिंग करने, सेल्स बढ़ाने, हायरिंग करने और प्रोजेक्ट मैनेजमेंट में मदद कर सकते हैं।

लोगों को बेचना सिखाएँ

अगला बड़ा मुद्दा है, प्रोडक्ट को बेचना। अगर आपको सेल्स का अनुभव है तो आप दूसरों की मदद कर सकते हैं।

अच्छे लोगों का चुनाव और गलत लोगों को कंपनी से निकालना, दोनों ही बहुत अहम पहलू हैं। अगर आपका ऑब्जरवेशन अच्छा है और आप लोगों को जल्दी पहचान लेते हैं तो अपने इस हुनर का इस्तेमाल करके स्टार्टअप्स की मदद कर सकते हैं।

स्टार्टअप्स के लिए डिजाइन

आप स्टार्टअप्स को बतौर स्टार्टअप भी सर्विस दे सकते हैं। आप उनकी वेबसाइट और एप डिजाइन कर सकते हैं।

हायरिंग और फायरिंग

अच्छे लोगों का चुनाव और गलत लोगों को कंपनी से निकालना, दोनों ही बहुत अहम पहलू हैं। अगर आपका ऑब्जरवेशन अच्छा है और आप लोगों को जल्दी पहचान लेते हैं तो अपने इस हुनर का इस्तेमाल करके स्टार्टअप्स की मदद कर सकते हैं।

बिना लागत के कंटेंट मार्केटिंग

अगर आप कंटेंट मार्केटिंग सीखने में स्टार्टअप्स की मदद कर सकते हैं तो यह अच्छा विकल्प है। आप बिना पैसा खर्च किए कंटेंट मार्केटिंग सीख भी सकते हैं।

डिजिटल मार्केटिंग (पेड+फ्री)

इसके अंतर्गत आप फेसबुक और गूगल एड्स के जरिए वेबसाइट पर ट्रैफिक लाते हैं। आप कुछ महीनों में इसे सीख सकते हैं और खुद की डिजिटल मार्केटिंग एजेंसी भी शुरू कर सकते हैं।

मीडिया (न्यूज और ट्रेंड्स)

आप अपने मनपसंद डोमेन में ऑनलाइन मीडिया आउटलेट की शुरुआत कर सकते हैं।

बॉलीवुड न्यूज

इस क्षेत्र में पहले से ही कई विकल्प मौजूद हैं, लेकिन अभी भी मार्केट में नई चीजों के लिए जगह है। अभी भी मूवी रिव्यूज और सेलिब्रिटीज से जुड़ी रोचक खबरें पब्लिश कर लोगों को आकर्षित कर सकते हैं।

इस क्षेत्र में पहले से ही कई विकल्प मौजूद हैं, लेकिन अभी भी मार्केट में नई चीजों के लिए जगह है। अभी भी मूवी रिव्यूज और सेलिब्रिटीज से जुड़ी रोचक खबरें पब्लिश कर लोगों को आकर्षित कर सकते हैं।

स्टार्टअप न्यूज

आप स्टार्टअप की यात्रा और उनके फाउंडर्स आदि के संघर्ष की कहानी पब्लिश कर सकते हैं। लोगों को उनके माध्यम से प्रेरित भी कर सकते हैं।

गैजेट ट्रेंड्स

अगर आपको नई तकनीक और गैजेट्स आदि में रुचि है तो आप इस काम को बखूबी कर सकते हैं। लोगों को सरल भाषा में नए गैजेट्स के बारे में जानना और उनकी तुलना बेहद पसंद होती है और आप

इसका लाभ उठा सकते हैं। टेक और गैजेट्स, एक ही डोमेन का हिस्सा हैं। आप अपने पोर्टल पर दोनों को शामिल कर सकते हैं। आप किसी एक ब्रैंड विशेष के प्रोडक्ट्स पर भी काम कर सकते हैं।

फैशन ट्रेंड्स

यह बिजनेस युवाओं को काफी आकर्षित करता है। आप फैशन ट्रेंड्स को लेकर एक अच्छा प्लेटफॉर्म तैयार कर सकते हैं। बाजार में क्या नया है, यह जानकारी हमेशा लोगों के काम की होती है।

स्टॉक मार्केट और बिजनेस से संबंधित खबरें लोगों के काम की होती हैं और आपको इनसे पर्याप्त ट्रैफिक मिल सकता है। खबरों के चुनाव में आप सावधानी बरतें। यह एक जटिल विषय है और लोग इसे सरल भाषा में समझना चाहते हैं। इसमें आप लोगों की मदद कर सकते हैं।

स्टॉक मार्केट और बिजनेस न्यूज

स्टॉक मार्केट और बिजनेस से संबंधित खबरें लोगों के काम की होती हैं और आपको इनसे पर्याप्त ट्रैफिक मिल सकता है। खबरों के चुनाव में आप सावधानी बरतें। यह एक जटिल विषय है और लोग इसे सरल भाषा में समझना चाहते हैं। इसमें आप लोगों की मदद कर सकते हैं।

टेक्नोलॉजी और सॉफ्टवेयर

सॉफ्टवेयर इंजीनियर्स के लिए टेक इंडस्ट्री में किसी बिजनेस की शुरुआत करना ज्यादा मुश्किल काम नहीं है। अगर आपके पास आइडिया की कमी है तो स्टैक ओवरफ्लो कम्युनिटी के उदाहरण से मदद ले सकते हैं। आप इस तरह के किसी टॉपिक का चुनाव कर सकते हैं—थ्री-डी प्रिंटिंग, एंड्रॉएड, ऐरड्यूनो आदि।

टेक स्टार्टअप

इस डोमेन में आइडियाज की भरमार है। आपको पहले दिन से ही प्रोडक्ट डेवलपमेंट के लिए प्रोफेशनल्स को हायर करने की जरूरत नहीं। आप टेक्निकल डेवलपमेंट के लिए को-फाउंडर के तौर पर भी जुड़ सकते हैं। अगर आप सेल्स/मार्केटिंग में अच्छे हैं तो खुद से भी सीख सकते हैं।

मोबाइल ऐप

अगर आपको मोबाइल डेवलपमेंट का थोड़ा सा भी अनुभव है तो हाथ आजमा सकते हैं।

ऑनलाइन कम्युनिटी

रियल यूजर्स के लिए, कम्युनिटीज हमेशा ही इन्फॉर्मेशन का भरोसेमंद सोर्स रहेंगी। रेडिट, स्टैक ओवरफ्लो और जोमेटो इसके सबसे उपयुक्त उदाहरण हैं।

आप इंश्योरेंस, म्यूचुअल फंड्स और होम लोन जैसी चीजें ऑनलाइन भी बेच सकते हैं। बैंक आपको इस काम के लिए कमीशन देने के लिए तैयार रहते हैं। आप एक प्रोडक्ट कम्पैरिजन वेबसाइट भी बना सकते हैं, जहाँ पर लोग तुलना करके अपने लिए सबसे उपयुक्त प्रोडक्ट का चुनाव कर सकें।

फाइनेंशल प्रोडक्ट्स

आप इंश्योरेंस, म्यूचुअल फंड्स और होम लोन जैसी चीजें ऑनलाइन भी बेच सकते हैं। बैंक आपको इस काम के लिए कमीशन देने के लिए तैयार रहते हैं। आप एक प्रोडक्ट कम्पैरिजन वेबसाइट भी बना सकते हैं, जहाँ पर लोग तुलना करके अपने लिए सबसे उपयुक्त प्रोडक्ट का चुनाव कर सकें। इस सर्विस के साथ आप ऑनलाइन माध्यम से ही उन्हें प्रोडक्ट बेच भी सकते हैं।

इनकम टैक्स रिटर्न भरने के लिए वेबसाइट

बहुत कम लोगों को पता होता है कि इनटैक्स से जुड़ी प्रक्रियाएँ कैसे काम करती हैं। ज्यादातर लोगों को नहीं पता होता कि वे अपना इनकम टैक्स रिटर्न कैसे फाइल करें। आप इस काम में उनकी मदद कर सकते हैं।

फाइनेंस

बहुत कम लोगों को पता होता है कि इनटैक्स से जुड़ी प्रक्रियाएँ कैसे काम करती हैं। ज्यादातर लोगों को नहीं पता होता कि वे अपना इनकम टैक्स रिटर्न कैसे फाइल करें। आप इस काम में उनकी मदद कर सकते हैं।

अगर आपको फाइनेंस की अच्छी जानकारी है तो यू-ट्यूब, इंटरनेट के पास आपके लिए ढेरों विकल्प हैं। न्यूजपेपर में फाइनेंस से जुड़ी जानकारियाँ बड़ी ही आम भाषा में होती हैं और उनमें कई जटिलताओं को ठीक ढंग से समझाया नहीं जाता। आप अपने ब्लॉग या यू-ट्यूब चैनल के जरिए यह काम कर सकते हैं।

फाइनेंस संबंधी विषयों पर सलाह

आमतौर पर लोगों को नहीं पता होता कि कहाँ पर निवेश किया जाए, टैक्स कैसे बचाया जाए और रिटायरमेंट की प्लानिंग कैसे की जाए, आदि। यहाँ पर आप बतौर फाइनेंशल एक्सपर्ट लोगों के काम आ सकते हैं।

सब्सक्रिप्शन-आधारित प्रीमियम कंटेंट बेचना

इंटरनेट पर जो सामग्री या जानकारी मुफ्त में उपलब्ध है, वह गलत या भ्रामक भी हो सकती है। इस समस्या को सुलझाने के लिए कुछ

ऑथर्स अपनी विश्वसनीय रिसर्च के माध्यम से कंटेंट तैयार करते हैं और उसकी फीस लेते हैं। आप फाइनेंशल प्रोडक्ट्स पर अपनी रिसर्च की रिपोर्ट या इ-बुक 50-1000 रुपयों तक बेच सकते हैं। जागो इनवेस्टर और कैपिटल माइंड, इस बिजनेस मॉडल पर ही काम कर रहे हैं।

फाइनेंस मामले

रिटायरमेंट और निवेश जैसे आम विषयों से इतर गहराई में जाकर फाइनेंस पर विमर्श करनेवाले लोगों को एक प्लेटफॉर्म पर लाया जा सकता है।

कॉमेडी वीडियोज

आज के समय में कॉमेडी वीडियो बहुत ही ज्यादा चलते हैं और आप देख भी सकते हैं, यू-ट्यूब पर आपको बहुत से कॉमेडी वीडियो मिल जाएँगे, तो आप कॉमेडी वीडियो का चैनल बना सकते हैं, क्योंकि कॉमेडी वीडियो आज के समय में बहुत ही लोकप्रिय वीडियो माने जाते हैं और ये वीडियो बहुत छोटे होते हैं, 2 या 4 मिनट के। इनको आप मोबाइल से भी बना सकते हैं। यह काम बहुत साधारण है और अगर आप बच्चों पर कॉमेडी वीडियो बनाते हैं तो और भी ज्यादा अच्छा रहता है, क्योंकि उन पर बहुत ज्यादा व्यू और सब्सक्राइबर मिलते हैं, तो आप अपने चैनल के लिए कॉमेडी वीडियो भी जरूर बनाएँ। इससे आपके चैनल को बहुत फायदा मिलेगा।

आज के समय में कॉमेडी वीडियो बहुत ही ज्यादा चलते हैं और आप देख भी सकते हैं, यू-ट्यूब पर आपको बहुत से कॉमेडी वीडियो मिल जाएँगे, तो आप कॉमेडी वीडियो का चैनल बना सकते हैं, क्योंकि कॉमेडी वीडियो आज के समय में बहुत ही लोकप्रिय वीडियो माने जाते हैं और ये वीडियो बहुत छोटे होते हैं, 2 या 4 मिनट के।

प्रोडक्ट वीडियो

प्रोडक्ट वीडियो किसी भी बाजारी उत्पादन के हो सकते हैं, जैसे कि नई टी-शर्ट, पैंट, मोबाइल, बैग, लैपटॉप, वाशिंग मशीन इत्यादि या कोई भी अन्य सामान जो आप बाजार से लेकर आते हैं, उस पर वीडियो बनाकर जानकारी दे सकते हैं। ये भी आपके चैनल के लिए बहुत अच्छे वीडियो होते हैं। इन पर आपको बहुत व्यू मिलते हैं, क्योंकि आज के समय में कोई बाहर जाकर तो किसी चीज को देखता नहीं है तो अगर आपने वीडियो डाला होगा, तो आपके वीडियो जरूर देखे जा सकते हैं। इससे उनको भी फायदा होगा और साथ में आपके चैनल को भी।

प्रोडक्ट वीडियो किसी भी बाजारी उत्पादन के हो सकते हैं, जैसे कि नई टी-शर्ट, पैंट, मोबाइल, बैग, लैपटॉप, वाशिंग मशीन इत्यादि या कोई भी अन्य सामान जो आप बाजार से लेकर आते हैं, उस पर वीडियो बनाकर जानकारी दे सकते हैं।

हाउ टू

हाउ टू मतलब किसी वस्तु की खूबियों और कमियों के बारे में विस्तार से बताना। आप ऐसे अनेक विषयों पर वीडियो बना सकते हैं, जैसे आपने कोई नया मोबाइल लिया है तो आप उसकी खूबी बता सकते हैं। ये बहुत लोकप्रिय वीडियो होते हैं और आज के समय में बहुत ज्यादा चलते हैं।

प्रैंक वीडियो

ये वीडियो होते तो बिल्कुल फनी वीडियो जैसे हैं, लेकिन उससे थोड़े अलग किस्म के वीडियो भी होते हैं। मतलब किसी को हर्ट करना, छेड़छाड़ करना, किसी से शरारत करना; कुछ इस तरह के वीडियो होते हैं। आपको ऐसे बहुत से वीडियो यू-ट्यूब पर मिल जाएँगे। आप उन

वीडियो को देख सकते हैं, किस तरह से उन वीडियो को तैयार किया गया है। आप भी अपने चैनल पर इस तरह के वीडियो बनाकर डाल सकते हैं। इससे आपके चैनल को बहुत बढ़ावा मिलेगा और आपके चैनल को फायदा भी होगा।

एजुकेशन न्यूज

एजुकेशन न्यूज के बारे में तो आप जानते ही होंगे। एजुकेशन न्यूज शिक्षा से संबंधित जानकारी पर आधारित होती है। आपको पढ़ना-लिखना अच्छा लगता है तो आप अपनी जानकारी को वीडियो द्वारा शेयर कर सकते हैं।

एजुकेशन न्यूज के बारे में तो आप जानते ही होंगे। एजुकेशन न्यूज शिक्षा से संबंधित जानकारी पर आधारित होती है। आपको पढ़ना-लिखना अच्छा लगता है तो आप अपनी जानकारी को वीडियो द्वारा शेयर कर सकते हैं।

ब्यूटी टिप्स

आप ब्यूटी टिप्स के वीडियो बना सकते हैं, लेकिन इसके लिए पहले आपको जानकारी होनी चाहिए। आज के दौर में ब्यूटी और हेयर स्टाइल के वीडियो को अच्छे व्यूअर मिलते हैं।

पेड़-पौधों-पर्यावरण के बारे में

पेड़-पौधों और पर्यावरण के प्रति इधर लोगों की जिज्ञासा काफी बढ़ गई है। ऐसे में आप घरों में, गमलों में उगनेवाले पौधों के बारे में जानकारी देते हुए वीडियो बना सकते हैं। बोनसाई के बारे में भी वीडियो बनाए जा सकते हैं।

अकाउंटिंग में मदद

अकाउंटिंग में मदद करने के लिए आपको चार्टर्ड अकाउंटेंट या

फिर लीगल फाइनेंशल एडवाइजर होना जरूरी नहीं है। फाइनेंस या कॉमर्स में डिग्री का होना काफी है।

फाइनेंस की परीक्षा की तैयारी कराना

इंटरनेट पर फाइनेंस संबंधित विषयों पर अच्छे वीडियोज की कमी है। आप इस कमी को पूरा कर सकते हैं। आप अपनी जानकारी को साझा करके कॉमर्स और फाइनेंस के बच्चों की तैयारी करा सकते हैं और परीक्षा पास करने में उनकी मदद कर सकते हैं।

इंटरनेट पर फाइनेंस संबंधित विषयों पर अच्छे वीडियोज की कमी है। आप इस कमी को पूरा कर सकते हैं। आप अपनी जानकारी को साझा करके कॉमर्स और फाइनेंस के बच्चों की तैयारी करा सकते हैं और परीक्षा पास करने में उनकी मदद कर सकते हैं।

हेल्थ

यह डोमेन बहुत ही संवेदनशील है। अगर आपकी जानकारी पुख्ता है, तभी इस क्षेत्र में काम करने पर विचार कीजिएगा।

डॉक्टरों का सटीक रिव्यू

लोगों को डॉक्टरों के चुनाव में काफी असमंजस रहता है। ऐसे में रिव्यूज उनके बहुत काम आ सकते हैं। अगर आप बड़े ट्रीटमेंट की फीस में कुछ छूट दिला सकते हैं तो यह बेहद अच्छा कदम होगा। इलाज का खर्चा उठाने में असमर्थ लोगों की मदद। मरीजों की मदद के लिए कम्युनिटी बनाना।

डिप्रेशन पीड़ितों की मदद के लिए कम्युनिटी बनाना

इस तरह की समस्या को साझा करने में लोग झिझकते हैं और उन्हें

साथ लाने के लिए आप एक ऑनलाइन प्लेटफॉर्म का विकल्प दे सकते हैं। पीड़ितों को इलाज के लिए सही सलाह भी दे सकते हैं।

फैशन एंड ब्यूटी

महिलाएँ फैशन और ब्यूटी प्रोडक्ट्स पर अच्छा पैसा खर्च करती हैं। अगर आपको भी फैशन में दिलचस्पी है तो आप भी एक ऑनलाइन बिजनेस शुरू कर सकते हैं।

इंडो-वेस्टर्न ड्रेसेज के आइडियाज

रिसर्च के माध्यम से आपको पता चल जाएगा कि लोग पार्टियों आदि के लिए किस तरह के विकल्पों के बारे में सर्च कर रहे हैं।

रिसर्च के माध्यम से आपको पता चल जाएगा कि लोग पार्टियों आदि के लिए किस तरह के विकल्पों के बारे में सर्च कर रहे हैं।

फैशन प्रोडक्ट्स खरीदने के लिए उपयुक्त जगहें

आप लोगों को बजट शॉपिंग और प्रीमियम शॉपिंग के लिए उपयुक्त जगहों का सुझाव दे सकते हैं।

बच्चों को पालने के लिए घरेलू नुस्खे

ध्यान रखें कि कोई भी घरेलू नुस्खा सुझाने से पहले पर्याप्त रिसर्च जरूर कर लें।

टूर एंड ट्रैवल

आजकल घूमना एक ऐसा शगल बन चुका है, जिसके लिए लोग पर्याप्त खर्चा करने को तैयार रहते हैं। उन्हें बस नई और रोमांचक जगहों की तलाश होती है। एक बड़ा वर्ग ऐसे लोगों का भी है, जो

बजट ट्रैवलिंग पसंद करते हैं। आप इन शौकीन लोगों को एक अच्छा ऑनलाइन प्लेटफॉर्म उपलब्ध करा सकते हैं।

इवेंट मैनेजमेंट

आप फेसबुक पर एक पेज या यू-ट्यूब चैनल बनाकर इवेंट का काम कर सकते हैं। इसमें आप अलग-अलग इवेंट ले सकते हैं, जिसमें वेडिंग इवेंट से लेकर कई इवेंट शामिल हैं, साथ ही इस तरह आप किसी स्पेसिफिक प्लानिंग को लेकर जानकारी देकर बिजनेस कर सकते हैं।

इनके अलावा विषयों की भरमार है—साइंस के बारे में, भाषा के बारे में जानकारी, जीवनी विवरण, प्रकृति, जादू, गीत-संगीत, शेरो-शायरी, स्वास्थ्य, विज्ञान, प्रदूषण, मोटापा, वस्तुएँ कैसे बनती हैं, इत्यादि।

□

वीडियो कंटेंट और क्वालिटी

अपने वीडियो का कंटेंट बढ़िया बनाएँ और किसी भी तरह के वीडियो या इमेज दूसरी वेबसाइट या किसी दूसरे वीडियो से उठाकर अपने वीडियो में न लगाएँ, क्योंकि इससे आपका वीडियो कम सर्च में आएगा और यदि आपका वीडियो कम सर्च में आएगा, तो आपके वीडियो के व्यू कम होंगे और आपकी अर्निंग भी कम होगी।

ऑडियो-वीडियो क्वालिटी

वीडियो को अच्छे कैमरे और अच्छी ऑडियो रिकॉर्डिंगवाले फोन कैमरे से बनाएँ, ताकि उस वीडियो की ऑडियो और वीडियो क्वालिटी अच्छी बने और जो आप अपने वीडियो में बताना चाहते हैं, वह पूरी तरह से साफ दिखाई और सुनाई दे, क्योंकि यदि आपके वीडियो की ऑडियो क्वालिटी अच्छी नहीं होगी तो सुननेवाले को पता नहीं चलेगा कि आप क्या बताना चाहते हैं। इसी तरह से वीडियो की क्वालिटी भी अच्छी न हो, तो जो आप वीडियो में दिखाना चाहते हैं, उसका सही से पता नहीं चलेगा और वह जानकारी पूरी तरह से व्यूअर के पास नहीं पहुँच पाएगी और इससे आपके चैनल की इमेज भी खराब होगी, जिससे वह व्यूअर दुबारा से आपके वीडियो नहीं देखेगा। इससे आपके वीडियो के व्यू भी कम होंगे।

की-वर्ड

जिस चीज के बारे में आप वीडियो बनाना चाहते हैं, उनके की-वर्ड को रिसर्च जरूर करें। जिस चीज से संबंधित आप वीडियो बनाना चाहते हैं, उसी चीज से संबंधित आप अपने वीडियो का टाइटल रखें। अगर उसी चीज से संबंधित वीडियो का टाइटल नहीं रखेंगे तो व्यूअर को आपके वीडियो सर्च करने में कठिनाई होगी और जो वीडियो वह देखना चाहता है, वह उसे दिखाई नहीं देगा।

जिस चीज के बारे में आप वीडियो बना रहे हैं, उसी चीज से संबंधित थंबनेल लगाएँ, ताकि व्यूअर को पता लगे कि आपने किस चीज के बारे में वीडियो बनाया है। व्यूअर जो वीडियो देखना चाहता है, वही बैनर आपके वीडियो पर उसे मिलेगा, तो वह जल्दी से उसे ओपन करके देखेगा।

थंबनेल लगाएँ

जिस चीज के बारे में आप वीडियो बना रहे हैं, उसी चीज से संबंधित थंबनेल लगाएँ, ताकि व्यूअर को पता लगे कि आपने किस चीज के बारे में वीडियो बनाया है। व्यूअर जो वीडियो देखना चाहता है, वही बैनर आपके वीडियो पर उसे मिलेगा, तो वह जल्दी से उसे ओपन करके देखेगा। इसके बाद आप अपने वीडियो को फेसबुक, ट्विटर, व्हाट्सएप आदि पर शेयर करें, ताकि उससे आपका वीडियो कमाई भी ज्यादा कर सके।

बढ़िया एडिटिंग करें

वीडियो को बनाते ही सीधे अपने चैनल पर अपलोड न करें, क्योंकि उसमें कई बार छोटी-छोटी गलतियाँ रह जाती हैं। जैसे जो जानकारी आप देना चाहते हैं, उसके बारे में कुछ छूट जाता है तो आप वीडियो बनाने के बाद उसे अच्छी तरह से एडिट करें और एडिट करने के बाद ही अपने

चैनल पर उस वीडियो को अपलोड करें, ताकि आपका वीडियो व्यूअर को अच्छी तरह से समझ में आए, जो जानकारी वह लेना चाहता है, वह उसे अच्छी तरह से मिल सके।

प्ले-लिस्ट बनाएँ

अगर आप किसी एक टॉपिक पर वीडियो सीरीज बना रहे हैं, जिसे ट्यूटोरियल कहते हैं, तो आप उसके लिए प्ले-लिस्ट का इस्तेमाल करें, जिसे आपके चैनल पर आनेवाले उस टॉपिक से रिलेटेड सारे वीडियो आसानी से देख सकें।

अगर आप किसी एक टॉपिक पर वीडियो सीरीज बना रहे हैं, जिसे ट्यूटोरियल कहते हैं, तो आप उसके लिए प्ले-लिस्ट का इस्तेमाल करें, जिसे आपके चैनल पर आनेवाले उस टॉपिक से रिलेटेड सारे वीडियो आसानी से देख सकें।

यू-ट्यूब चैनल : सावधानियाँ

बहुत सारे लोग यू-ट्यूब चैनल तो बना लेते हैं, परंतु उसके बाद बहुत सारी गलतियाँ करते हैं, जिसके कारण उनका यू-ट्यूब चैनल डिलीट भी किया जा सकता है, इसलिए आपको यू-ट्यूब की गाइडलाइन को फॉलो करना चाहिए, ताकि आपको भविष्य में किसी तरह की समस्या का सामना न करना पड़े।

- किसी और का वीडियो डाउनलोड करके उसे अपने यू-ट्यूब चैनल पर अपलोड न करें। यह कॉपीराइट का उल्लंघन और अपराध है।
- किसी तरह की न्यूडिटी या सेक्सुअल वीडियो डालने से बचें।
- इस तरह का वीडियो न बनाएँ, जिससे किसी के धर्म और जाति को आघात पहुँचे।

- यू-ट्यूब कम्युनिटी गाइडलाइन का फॉलो न करने पर आपका चैनल डिलीट किया जा सकता है।

व्यूज

यू-ट्यूब पर पैसे उन वीडियो से मिलते हैं, जिन्हें लोगों ने सबसे ज्यादा देखा हो। अपने वीडियो के व्यूज बढ़ाने के लिए ध्यान दें कि वीडियो हाई क्वालिटी का हो। वीडियो के साथ डिस्क्रिप्शन जरूर हो। वीडियो से मिलते हुए जरूरी टैग हों। टैग के लिए वीडियो सर्च में इस्तेमाल होनेवाले की-वर्ड डालें।

□

यू-ट्यूब चैनल पर कमाऊ चेहरे

डिजिटल मीडिया सिर्फ सेल्फ ब्रांडिंग का माध्यम नहीं है, बल्कि यह कमाई का भी बड़ा जरिया बन गया है। सोशल मीडिया के यू-ट्यूब प्लेटफॉर्म ने कई प्रतिभाओं को न सिर्फ सुपर स्टार बनाया है, बल्कि अच्छे पैसे कमाने का रास्ता भी दिखाया है। इसी क्रम में सात वर्षीय रियान यू-ट्यूब पर सबसे कम उम्र का लोकप्रिय स्टार है।

फोर्ब्स पत्रिका में यू-ट्यूब चैनल पर दस सबसे ज्यादा कमाई करनेवाले यू-ट्यूबर्स की रैंकिंग में सात वर्षीय रियान का नाम शीर्ष पर है। यू-ट्यूब पर खिलौनों का रिव्यू करनेवाले रियान ने 2018 में अकेले दो करोड़, 20 लाख डॉलर कमाए। यू-ट्यूब पर कमाई के मामले में रियान ने 21 वर्षीय जेक पॉल को पीछे करते हुए नंबर वन की श्रेणी प्राप्त की। उनके चैनल में कुल 25.1 मिलियन ग्राहक हैं। मेकअप कलाकार जेफ्री स्टार और स्वीडिश गेमर फेलक्स क्लेजबर्ग की तुलना में रियान ने अधिक पैसे अर्जित किए। रियान के यू-ट्यूब पर 25.1 मिलियन से ज्यादा फॉलोवर हैं।

अमेरिका के रियान का यू-ट्यूब पर एक चैनल है। इसका नाम 'रियान टॉय रिव्यू' है। इसके माध्यम से रियान खिलौनों का रिव्यू करता है। चैनल के हर वीडियो पर लाखों हिट्स और करोड़ों कमेंट आते हैं। यू-ट्यूब पर यह चैनल रियान की फैमिली चलाती है, जिस पर रियान

खिलौनों की समीक्षा करता है। चैनल की शुरुआत में वह केवल खिलौनों से खेलता हुआ दिखता था, पर जैसे-जैसे उसके वीडियो हिट होते गए, उसने उन्हीं खिलौनों के रिव्यूज देने भी शुरू कर दिए।

रियान की माँ का कहना है कि 'बच्चों को यू-ट्यूब चैनल पर देखकर उसने भी एक दिन चैनल में शामिल होने की इच्छा जाहिर की। फिर, हम लोग उसे पहला खिलौना दिलाने के लिए दुकान में ले गए—मुझे लगता है कि यह एक लगो ट्रेन सेट था। यहीं से रियान के सफर की शुरुआत हुई।' रियान की यू-ट्यूब पर लगन और उससे बड़ी कमाई के बाद माँ ने शिक्षक की नौकरी छोड़ दी। अब वे बेटे रियान के साथ यू-ट्यूब चैनल को पूरा वक्त देती हैं। रियान के यू-ट्यूब चैनल पर उनके ज्यादातर दर्शक तीन से सात वर्ष के बीच के बच्चे हैं। रियान के अधिकांश प्रशंसक अमेरिका के हैं। इसके अलावा ब्रिटेन और फिलीपींस में दर्शकों की बड़ी तादाद है। उसका नवीनतम खिलौना मिनी मोगुल और अन्य खिलौने वॉलमार्ट में बिक रहे हैं।

रियान की माँ का कहना है कि 'बच्चों को यू-ट्यूब चैनल पर देखकर उसने भी एक दिन चैनल में शामिल होने की इच्छा जाहिर की। फिर, हम लोग उसे पहला खिलौना दिलाने के लिए दुकान में ले गए—मुझे लगता है कि यह एक लगो ट्रेन सेट था। यहीं से रियान के सफर की शुरुआत हुई।'

पाँच पुरुषों का सम्मिलित 'स्पोर्ट्स क्रू'

पाँच पुरुषों का सम्मिलित 'स्पोर्ट्स क्रू' यू-ट्यूब पर छाया हुआ है। इसमें कोबी, कॉरी कपास, गेटेट हिल्बर्ट, कोडी जोन्स और टायलर टोनी प्रमुख हैं। इनके 175 मिलियन अनुयायी हैं। ये स्पोर्ट्स क्रू अपनी जटिल चाल के लिए जाने जाते हैं। ये अपने शॉट्स में निपुण हैं। ये पिंग-पोंग

गेंदों को उछालते हुए, जो ओरोस के डोमिनोज-फॉल्स को ट्रिगर करने में निपुण हैं।

डिज्नी पर शृंखला

आयरलैंड निवासी सेन मैकलोफ्लिन भी यू-ट्यूब पर काफी लोकप्रिय हैं। उसके रंगीन वीडियो गेम पर उनकी कमेंट्री लोगों को बहुत रास आती है। उन्होंने डिज्नी के लिए एक शृंखला जारी की है।

फेलक्स क्लेजबर्ग

स्वीडन निवासी फेलक्स केजेलबर्ग यू-ट्यूब पर एक बड़े खिलाड़ी हैं। उनके चर्चित प्रोग्राम—स्कैंडल के सात करोड़ पच्चीस लाख फॉलोवर हैं, लेकिन एक वीडियो के चलते गूगल ने उनके प्रोग्राम को बंद कर दिया। इसके बावजूद उनके विज्ञापनदाता निराश नहीं हुए। उन्होंने स्कैंडल का साथ नहीं छोड़ा। वे इससे करोड़ों रुपए कमा रहे हैं।

स्वीडन निवासी फेलक्स केजेलबर्ग यू-ट्यूब पर एक बड़े खिलाड़ी हैं। उनके चर्चित प्रोग्राम—स्कैंडल के सात करोड़ पच्चीस लाख फॉलोवर हैं, लेकिन एक वीडियो के चलते गूगल ने उनके प्रोग्राम को बंद कर दिया। इसके बावजूद उनके विज्ञापनदाता निराश नहीं हुए।

लोगन पॉल

जनवरी 2018 में 23 वर्षीय पॉल के एक पसंदीदा प्रोग्राम को गूगल ने यू-ट्यूब से निकाल दिया। दरअसल, पॉल ने जापान में आत्महत्या का एक वीडियो यू-ट्यूब पर लोड किया था। यह आत्महत्या एक पेड़ से लटककर की गई थी। जापान के इस वीडियो को फिल्माए जाने के बाद पॉल के लोकप्रिय चैनल का विज्ञापन बंद कर दिया गया। हालाँकि पॉल ने गूगल से इस बात के लिए माफी माँगी। इसके बावजूद पॉल के वफादार प्रशंसकों ने अपने भारी व्यापारिक कारोबार को जारी रखा।

भुवन बम

भुवन यू-ट्यूब कम्युनिटी पर बहुत लोकप्रिय हैं। जेनेरिक कहानियों पर आधारित उनके कॉमेडी वीडियो लोगों के बीच बहुत लोकप्रिय हैं। अपने वीडियो में भुवन एक साथ 5-6 किरदार निभाते हैं। माता-पिता, दोस्त और रिश्तेदार के सारे किरदार वे खुद निभाते हैं। खास बात यह है कि वे वीडियो को अपने फोन से शूट करते हैं। दिल्ली के रहनेवाले भुवन प्रोफेशनल संगीतकार भी हैं और लाइव शो और कंसर्ट के जरिए भी अच्छी कमाई करते हैं। उनका यू-ट्यूब चैनल तेजी से लोकप्रिय हुए चैनलों में से एक है। भुवन के यू-ट्यूब चैनल के 17.6 मिलियन सब्सक्राइबर हैं।

भुवन यू-ट्यूब कम्युनिटी पर बहुत लोकप्रिय हैं। जेनेरिक कहानियों पर आधारित उनके कॉमेडी वीडियो लोगों के बीच बहुत लोकप्रिय हैं। अपने वीडियो में भुवन एक साथ 5-6 किरदार निभाते हैं। माता-पिता, दोस्त और रिश्तेदार के सारे किरदार वे खुद निभाते हैं।

संदीप माहेश्वरी

संदीप माहेश्वरी मोटिवेशनल स्पीकर और भारत के तेजी से उभरते हुए उद्यमियों में से एक हैं। वे खासतौर पर अपने बोलने के अंदाज के लिए जाने जाते हैं। अपने सेमिनार के जरिए वे ऐसे युवाओं को प्रेरित करते हैं, जो लोगों के सामने बात करने से डरते हैं और जिनमें आत्मविश्वास की कमी होती है। वे अब यू-ट्यूब पर काफी लोकप्रिय हो चुके हैं। जिंदगी के प्रति नजरिया बदल देनेवाले संदीप के यू-ट्यूब चैनल के 14.8 मिलियन सब्सक्राइबर हैं।

निशा मधुलिका

कुकिंग सीखनेवालों के लिए निशा मधुलिका का नाम नया नहीं है। कोई भी नई डिश सीखने के लिए लोग उनके चैनल पर जाते हैं। निशा ने

2007 में कुकिंग ब्लॉग शुरू किया। उसके बाद 52 साल की उम्र में यू-ट्यूब चैनल शुरू किया। शुरुआत में टेक्निकल काम में उनके पति मदद किया करते थे, लेकिन अब उनके पास खुद की टीम है, जो कंटेंट बनाती है और उनमें सुधार करती है। उनका चैनल यू-ट्यूब के सबसे लोकप्रिय कुकिंग चैनलों में से एक है। निशा मधुलिका के कुकिंग चैनल के 9.21 मिलियन सब्सक्राइबर हैं।

सनम पुरी

सनम पुरी 'सनम' बैंड की लीड सिंगर हैं। यह बैंड पुराने हिट हिंदी गानों को नए म्यूजिक के साथ संगीत प्रेमियों के लिए बनाता है। इस बैंड में चार कलाकार हैं, जो अलग-अलग तरह के वाद्ययंत्र बजाते हैं। यू-ट्यूब पर यह चैनल बहुत लोकप्रिय है। इसके 7.38 मिलियन सब्सक्राइबर हैं।

सनम पुरी 'सनम' बैंड की लीड सिंगर हैं। यह बैंड पुराने हिट हिंदी गानों को नए म्यूजिक के साथ संगीत प्रेमियों के लिए बनाता है। इस बैंड में चार कलाकार हैं, जो अलग-अलग तरह के वाद्ययंत्र बजाते हैं। यू-ट्यूब पर यह चैनल बहुत लोकप्रिय है। इसके 7.38 मिलियन सब्सक्राइबर हैं।

टेक्निकल गुरुजी

गौरव चौधरी और टेक्निकल गुरुजी यू-ट्यूब का तकनीकी चैनल है। इस पर अलग-अलग तरह के गैजेट का रिव्यू दिया जाता है, जिसमें मोबाइल फोन से लेकर टी.वी. तक शामिल हैं। ज्यादा-से-ज्यादा लोगों तक पहुँचने के लिए गौरव हिंदी और इंगलिश दोनों में अपने प्रोग्राम बनाते हैं। प्रोडक्ट के बारे में उनका रिव्यू न सिर्फ जानकारीप्रद, बल्कि विश्वसनीय भी होता है। अपने दर्शकों को तकनीक से परिचित कराने के लिए वह टेक टॉक्स की भी व्यवस्था करते हैं। उनके 16.7 मिलियन सब्सक्राइबर हैं।

श्रुति अर्जुन आनंद

श्रुति ने अपने यू-ट्यूब चैनल की शुरुआत वीकली स्किन केयर टिप्स और ब्यूटी प्रोडक्ट्स पोस्ट करके की थी। मेकअप और हेयर केयर के उनके बेहतरीन वीडियो ने ही उन्हें परफेक्ट ब्यूटी यू-ट्यूबर बना दिया। वे स्टाइलिंग टिप्स, मेकअप रिव्यू और ब्यूटी प्रोडक्ट्स के रिव्यू बताती हैं। उनके चैनल को 7.18 मिलियन लोगों ने सब्सक्राइब कर रखा है।

वरुण पुरथी

वरुण पुरथी एक यू-ट्यूब चैनल चलाते हैं, जिसका नाम है—'एक्टर वरुण पुरथी'। वरुण सोशल वर्कर हैं। वे सामाजिक मुद्दों पर वीडियो बनाते हैं और गरीब और सुविधाओं से वंचित लोगों की मदद करते हैं। वे गरीबों द्वारा बनाई गई चीजें खरीदते हैं। उनके चैनल के 4.11 मिलियन सब्सक्राइबर हैं।

कानन गिल

कानन भारत के मशहूर स्टैंड अप कॉमेडियंस में से एक हैं। उन्हें पता है कि दर्शकों के चेहरे पर हँसी कैसे लानी है। बॉलीवुड फिल्मों के रिव्यू मजाकिया अंदाज में देकर ही वे लोकप्रिय हुए हैं। पेशे से सॉफ्टवेयर इंजीनियर कानन ने अपना पेशा छोड़कर कॉमेडी को ही अपना प्रोफेशन बना लिया और इसमें वे बहुत कामयाब रहे हैं।

□

यू-ट्यूब से किसानों की लाखों की कमाई

देश में बढ़ती महँगाई और बेरोजगारी की बात किसी से भी छिपी हुई नहीं है। लागत अधिक और मुनाफा मन मुताबिक न मिलने के कारण बहुत से किसान खेती छोड़ रहे हैं। इसी का नतीजा है कि अब गाँव के युवा भी इसे घाटे का सौदा समझकर मोटी कमाई की चाह में शहरों की ओर पलायन कर रहे हैं, लेकिन हम आपको कुछ ऐसे किसानों के बारे में बताने जा रहे हैं, जिन्होंने इस धारणा को तोड़ने का काम किया है। वे न केवल खेती-किसानी से मोटी कमाई कर रहे हैं, बल्कि दूसरे लोगों को भी इसके गुर सिखा रहे हैं।

यशवंत जाट

यशवंत जाट आज किसी परिचय के मोहताज नहीं हैं। वे यू-ट्यूब पर 'माय किसान दोस्त' नाम से यू-ट्यूब चैनल संचालित करते हैं। अब यशवंत फुल टाइम यही काम करते हैं। 2015 में यू-ट्यूब पर आने से पहले वे फसलों के ऊपर ब्लॉग लिखा करते थे। फिर लोगों ने कहा कि वीडियो बनाओ, जिससे ज्यादा-से-ज्यादा लोगों तक इसकी पहुँच हो। अभी उनके चैनल के पौने सात लाख सब्सक्राइबर हैं। उन्हें उम्मीद नहीं थी कि यू-ट्यूब पर इतने सारे लोग जुड़ेंगे। अपने वीडियो में वे कृषि से

जुड़ी खबरें, खेती में नई तकनीक, पशु-पालन, बागबानी, फसलों की जानकारी देते हैं। अभी उनका फोकस एलोवेरा पर है।

दर्शन सिंह

दर्शन सिंह का जन्म एक किसान परिवार में हुआ। उन्होंने एम.ए. पॉलिटिकल साइंस की पढ़ाई की है। अब वे फुल टाइम अपना यू-ट्यूब चैनल 'फार्मिंग लीडर' चला रहे हैं। वे साल 2017 से यू-ट्यूब पर खेती से जुड़े वीडियो पोस्ट कर रहे हैं। धीरे-धीरे उनके वीडियो के व्यूज (देखनेवाले) बढ़ने लगे। अब तक 20 लाख से ज्यादा लोग उनके चैनल को सब्सक्राइब कर चुके हैं।

दर्शन सिंह का जन्म एक किसान परिवार में हुआ। उन्होंने एम.ए. पॉलिटिकल साइंस की पढ़ाई की है। अब वे फुल टाइम अपना यू-ट्यूब चैनल 'फार्मिंग लीडर' चला रहे हैं। वे साल 2017 से यू-ट्यूब पर खेती से जुड़े वीडियो पोस्ट कर रहे हैं। धीरे-धीरे उनके वीडियो के व्यूज (देखनेवाले) बढ़ने लगे। अब तक 20 लाख से ज्यादा लोग उनके चैनल को सब्सक्राइब कर चुके हैं। वे ज्यादातर ऐसे वीडियो पोस्ट करते हैं, जिनमें बताया जाता है कि किसान की इनकम कैसे बढ़ाई जा सके, इसलिए लोगों में जागरूकता बढ़ रही है और किसानी से जुड़े वीडियोज खूब देखे जा रहे हैं।

अयप्पन

अयप्पन सॉफ्टवेयर इंजीनियर हैं, लेकिन उनका जन्म एक किसान परिवार में हुआ। उन्होंने अपने पिता से खेती-किसानी के टिप्स लेकर अपना एक यू-ट्यूब चैनल शुरू किया, जिस पर वे नियमित रूप से खेती की समस्याओं से जुड़े वीडियो यू-ट्यूब पर पोस्ट करते हैं। यू-ट्यूब से

उन्हें अच्छी कमाई हो रही है। इनके यू-ट्यूब चैनल 'कम टू विलेज' के आठ लाख से ज्यादा सब्सक्राइबर हैं। वे ट्रैक्टर से जुड़ी समस्याओं पर ज्यादा फोकस करते हैं।

□

परिशिष्ट

ऑनलाइन कमाई के अन्य स्रोत

वर्ल्ड वाइड वेब के आने के बाद से लगभग हर इंटरनेट योक्ता के मन में एक सवाल जरूर उठा है कि क्या वह इस विशाल अंतरराष्ट्रीय नेटवर्क का इस्तेमाल धन कमाने के लिए कर सकता है? शायद ही कोई व्यक्ति हो, जो थोड़ा अतिरिक्त धन (और वह भी यदि संभव हो तो बिना समय या श्रम खर्च किए) पाना न चाहता हो। अखबारों में ऐसे विज्ञापनों की भरमार है, जिनमें लोगों को 'बिना कुछ किए इंटरनेट के जरिए धन कमाने' के लिए आमंत्रित किया जाता है।

यदि आप भी इंटरनेट को अतिरिक्त आय के स्रोत के रूप में देख रहे हैं और यदि आपके पास कोई हुनर है, या आप अपना समय और श्रम देने को तैयार हैं तो इंटरनेट के महासमुद्र में कहीं-न-कहीं, आपकी सेवाओं या विशेषज्ञता के कद्रदान जरूर मिल जाएँगे। आखिरकार इंटरनेट से जुड़े लोगों की भी आप-हम जैसी जरूरतें हैं। यदि किसी अमेरिकी नागरिक की आवश्यकता को कोई हिंदुस्तानी व्यक्ति अपेक्षाकृत कम दामों में इंटरनेट के जरिए पूरा कर सकता है तो भला उसे क्या एतराज हो सकता है? जी हाँ, इंटरनेट पर पूरी तरह कानूनी ढंग से भी अतिरिक्त धन कमाया जा सकता है, बशर्ते आपके पास कोई उत्कृष्ट उत्पाद, सेवा, योग्यता या विशेषज्ञता हो और यदि आपको इंटरनेट मार्केटिंग करने के तौर-तरीके भी आते हों, तो सोने पर सुहागा!

फ्रीलांसिंग

फ्रीलांसिंग, यानी किसी व्यक्ति या कंपनी से औपचारिक रूप से जुड़े बिना उनका कोई काम पूरा करना। जो लोग पहले ही कहीं कार्यरत हैं, वे अपने खाली समय में ऐसे कार्य करते हैं तो ऐसे लोगों की भी कमी नहीं है, जिन्होंने फ्रीलांसिंग को ही अपनी आजीविका का माध्यम बनाया है। इंटरनेट पर वेब डिजाइनिंग से लेकर लेखन, ग्राफिक डिजाइनिंग, पेज डिजाइनिंग, प्रोग्रामिंग, कॉपीराइटिंग, टी.वी. कार्यक्रमों की स्क्रिप्टिंग, सेल्स और मार्केटिंग, फाइनेंस और शेयरिंग से लेकर कानूनी सलाहकार सेवाओं, इंजीनियरिंग और मैन्यूफैक्चरिंग तक के फ्रीलांस प्रोजेक्ट उपलब्ध हैं। प्राय: ऐसे काम प्रोजेक्ट के आधार पर मिलते हैं और हर प्रोजेक्ट के लिए निश्चित राशि दी जाती है। ऐसे प्रोजेक्ट्स में जहाँ कंपनियों को अच्छी दरों पर और जल्दी काम पूरा करवाने में आसानी होती है, वहीं फ्रीलांसर्स को अपना मौजूदा काम छोड़े बिना खाली समय में कुछ अतिरिक्त धन कमाने का मौका मिलता है और नए काम का अनुभव भी मिलता है।

फ्रीलांसिंग, यानी किसी व्यक्ति या कंपनी से औपचारिक रूप से जुड़े बिना उनका कोई काम पूरा करना। जो लोग पहले ही कहीं कार्यरत हैं, वे अपने खाली समय में ऐसे कार्य करते हैं तो ऐसे लोगों की भी कमी नहीं है, जिन्होंने फ्रीलांसिंग को ही अपनी आजीविका का माध्यम बनाया है।

फ्रीलांसिंग के इच्छुकों के लिए कई साइट उपलब्ध हैं, जिन पर रजिस्ट्रेशन कराकर आप अपना काम शुरू कर सकते हैं। ज्यादातर फ्रीलांसिंग साइटों पर बिडिंग के आधार पर प्रोजेक्ट दिए जाते हैं, यानी आपका शुल्क जितना कम, काम मिलने के आसार उतने ही अधिक। हालाँकि काम की गुणवत्ता, संबंधित व्यक्ति की वरिष्ठता, साख और

अन्य ग्राहकों के अनुभवों को भी आधार बनाया जाता है। आपको मिलनेवाले काम के बदले में वेबसाइट की ओर से थोड़ा सा शुल्क वसूला जाता है। कुछ वेबसाइटों की सदस्यता लेने के लिए भी शुल्क लिया जाता है। फ्रीलांसरों के लिए कुछ साइट्स इस प्रकार हैं—इलैंस, फ्रीलांसर, रेंट-अ-कोडर, लोगोवर्क्स, डिजाइन व पोस्ट।

भारत के लोगों की एक ताकत भाषा भी है। बतौर मुल्क, हमारे पास बहुत सारी भाषाएँ हैं और उनका इस्तेमाल करनेवाले बहुत सारे लोग हैं। इंटरनेट पर आनेवाला ज्यादातर काम इंगलिश में होता है। दक्षिण भारत में अंग्रेजी बोलना आम है, लेकिन उत्तर भारतीय इस पर मेहनत करते हैं।

अनुवाद, संपादन, प्रूफ रीडिंग

हालाँकि इसे फ्रीलांसिंग की श्रेणी में भी रखा जा सकता है, लेकिन धीरे-धीरे इंटरनेट पर इस किस्म का काम काफी बढ़ चुका है कि इसे एक स्वतंत्र श्रेणी में शुमार किया जाने लगा है। कई वेबसाइटें ऐसी सेवाएँ चाहनेवाली कंपनियों और अनुवादकों-संपादकों के बीच मंच का काम कर रही हैं। उनकी वजह से छोटे-छोटे शहरों में रहनेवाले प्रवीण अनुवादक देश-विदेश से ऐसे ट्रांसलेशन प्रोजेक्ट प्राप्त करने लगे हैं, जो इंटरनेट की अनुपस्थिति में उन्हें मिल ही नहीं सकते थे। यदि आपकी किन्हीं दो भाषाओं पर अच्छी पकड़ है तो आप भी अतिरिक्त आय के लिए इस विकल्प को आजमा सकते हैं।

भारत के लोगों की एक ताकत भाषा भी है। बतौर मुल्क, हमारे पास बहुत सारी भाषाएँ हैं और उनका इस्तेमाल करनेवाले बहुत सारे लोग हैं। इंटरनेट पर आनेवाला ज्यादातर काम इंगलिश में होता है। दक्षिण भारत में अंग्रेजी बोलना आम है, लेकिन उत्तर भारतीय इस पर मेहनत करते हैं। नतीजा यह निकलता है कि किसी भी लेख, प्रेस रिलीज या

किताब का ट्रांसलेशन किया जा सकता है। अंग्रेजी से भारतीय भाषाओं में और भारतीय भाषाओं का अंग्रेजी अनुवाद, दोनों तरह के काम किए जा सकते हैं। अंग्रेजी के बाद जो मार्केट बचता है, उसमें स्पैनिश, फ्रेंच, अरब और जर्मन जैसी भाषाएँ आती हैं।

वैश्वीकरण के कारण एक भाषा से दूसरी भाषा में अनूदित होनेवाले दस्तावेजों की संख्या और जरूरत बढ़ती जा रही है और यह सिलसिला लंबे समय तक चलनेवाला है। इन वेबसाइटों पर अनुवादकों को प्राय: काम की गुणवत्ता के आधार पर, प्रति शब्द के आधार पर पारिश्रमिक दिया जाता है। कई बार क्लाइंट किसी खास फॉरमेट में अनुवाद माँगता है, इसलिए विभिन्न सॉफ्टवेयर फॉरमेट्स की जानकारी रखनेवाले अनुवादक दूसरों से बेहतर आय अर्जित कर लेते हैं। इंटरनेट के जरिए अनुवाद के अवसर उपलब्ध करानेवाली कुछ प्रमुख वेबसाइटों के नाम इस प्रकार हैं—

वैश्वीकरण के कारण एक भाषा से दूसरी भाषा में अनूदित होनेवाले दस्तावेजों की संख्या और जरूरत बढ़ती जा रही है और यह सिलसिला लंबे समय तक चलनेवाला है। इन वेबसाइटों पर अनुवादकों को प्राय: काम की गुणवत्ता के आधार पर, प्रति शब्द के आधार पर पारिश्रमिक दिया जाता है।

प्रोज, ट्रांसलेटर्स कैफे, ट्रैली, ट्रैडू गाइड, लैंगजॉब्स, ट्रांसकोटेशन, इलैंस।

फोटोग्राफी

अगर आपको लगता है कि आपके भीतर फोटोग्राफी की प्रतिभा मौजूद है तो वेबसाइट, प्रेजेंटेशन, ब्रॉशर, पत्र-पत्रिकाओं, अखबारों आदि के लिए चित्रों की माँग हमेशा बनी रहती है। इंटरनेट पर कुछ स्टॉक फोटोग्राफी वेबसाइटें मौजूद हैं, जो अच्छी क्वालिटी के लाखों फोटोग्राफ और ग्राफिक्स का संकलन तैयार रखती हैं। प्रकाशन संस्थान और

वेबसाइट निर्माता उनसे अपनी पसंद के फोटोग्राफ या चित्र खरीद सकते हैं, लेकिन अनेक मौकों पर इन वेबसाइटों के पास माँग के अनुसार उपलब्ध कराने के लिए चित्र नहीं होते। मिसाल के तौर पर किसी व्यक्ति को केरल की किसी प्राचीन मल्ल-विद्या का चित्र चाहिए तो वह स्टॉक फोटोग्राफी वेबसाइटों के पास शायद ही उपलब्ध हो। इसी तरह किसी छोटे से गाँव, किसी विशेष घटना, किसी भुला दिए गए व्यक्ति आदि के चित्र भी अनेक बार अप्राप्य हो जाते हैं। अगर आपके पास उनके फोटोग्राफ हैं तो आप उन्हें स्टॉक फोटोग्राफी साइटों को बेच सकते हैं। वेबसाइटों की बढ़ती संख्या के कारण विश्व में बहुत सामान्य चीजों, मसलन चम्मच, कटोरी, दरवाजा, दीपक, पेन, स्याही, कंप्यूटर, बादल, पेड़, छत, खेल आदि के चित्रों की भी दुनिया में बहुत माँग है। आप अपने आसपास की चीजों के अच्छी क्वालिटी के चित्र खींचकर उन्हें भी इन वेबसाइटों को भेज सकते हैं।

अमेरिकी नेवी इंस्टीट्यूट जैसे कुछ सरकारी संस्थान और आउट ट्रैवलर जैसी पर्यटन संबंधी वेबसाइटों पर भी ऐसे फोटोग्राफों की माँग निरंतर बनी रहती है। अगर आप चाहें तो अपनी निजी वेबसाइट बनाकर भी अच्छे फोटोग्राफ्स का पोर्टफोलियो तैयार कर सकते हैं, लेकिन इन वेबसाइटों को फोटोग्राफ देते समय इस बात का ध्यान रखें कि आपके चित्रों में किसी के ट्रेडमार्क, कॉपीराइट या कानून का उल्लंघन न हो रहा हो।

अमेरिकी नेवी इंस्टीट्यूट जैसे कुछ सरकारी संस्थान और आउट ट्रैवलर जैसी पर्यटन संबंधी वेबसाइटों पर भी ऐसे फोटोग्राफों की माँग निरंतर बनी रहती है। अगर आप चाहें तो अपनी निजी वेबसाइट बनाकर भी अच्छे फोटोग्राफ्स का पोर्टफोलियो तैयार कर सकते हैं, लेकिन इन वेबसाइटों को फोटोग्राफ देते समय इस बात का ध्यान रखें कि आपके चित्रों में किसी के ट्रेडमार्क, कॉपीराइट

या कानून का उल्लंघन न हो रहा हो। फोटोग्राफ खरीदनेवाली कुछ साइट्स के नाम—आईस्टॉकफोटो, शटरस्टॉक, ड्रीम्सटाइम, एडोबी, पोंड5 इत्यादि हैं।

एच.आर. सर्विसेज

आपने सुना होगा कि कुछ कंपनियाँ उन कर्मचारियों को इंसेंटिव देती हैं, जो उनकी जरूरत के अनुसार नए कर्मचारियों की भर्ती में मदद करते हैं। कुछ कंपनियाँ इसी तरह के इंसेंटिव उन सामान्य इंटरनेट सर्फर्स को भी देती हैं, जो उन्हें अच्छे उम्मीदवार सुझाते हैं। यह राशि पचास से लेकर एक हजार डॉलर तक हो सकती है, बशर्ते उनके द्वारा सुझाए गए उम्मीदवार का चयन हो जाए। मजे की बात यह है कि पूरे महीने में ऐसे किसी एक व्यक्ति को भी नियोक्ता द्वारा चयनित करवाने में सफल रहते हैं तो अतिरिक्त आय का आपका उद्देश्य पूरा हो जाता है। जरूरत है नौकरियों की वेबसाइटों से लेकर विभिन्न फोरमों, सामाजिक नेटवर्किंग साइटों और मित्रमंडली के बीच अच्छे कर्मचारियों की तलाश की। इस किस्म के काम में ऐसे लोग अधिक सफल होते हैं, जो नियोक्ताओं और उम्मीदवारों, दोनों के साथ अच्छा तालमेल बनाकर रखते हैं। हायरमैजिक जैसी कंपनियाँ तो उन लोगों को भी इंसेंटिव देती हैं। इस क्षेत्र में कुछ उपयोगी साइट्स इस प्रकार हैं—रेफरअर्न्स, जायोइन, हू-डू-यू-नो-फॉर-डफ, बोहायर, वाइजस्टेप जैसी वेबसाइटों पर अच्छे उम्मीदवारों को सुझानेवाले लोगों को इंसेंटिव देने की सुविधा है।

आपने सुना होगा कि कुछ कंपनियाँ उन कर्मचारियों को इंसेंटिव देती हैं, जो उनकी जरूरत के अनुसार नए कर्मचारियों की भर्ती में मदद करते हैं। कुछ कंपनियाँ इसी तरह के इंसेंटिव उन सामान्य इंटरनेट सर्फर्स को भी देती हैं, जो उन्हें अच्छे उम्मीदवार सुझाते हैं।

सेल्फ पब्लिश बुक

अगर आपको लेखन से प्यार है तो कई साइट पैसे देकर ऑनलाइन बुक लिखवाने से लेकर उसकी रॉयल्टी से कमाई करने का मौका देती हैं। इन्हीं साइटों में से एक अमेजन किंडल डायरेक्ट पब्लिशिंग के नाम से यह फीचर चलाती है। इसमें कोई भी ऑनलाइन बुक लिखकर उसे किंडल बुकस्टोर पर डाल सकता है। इसकी बिक्री पर लेखक को 70 फीसदी तक रॉयल्टी मिलती है। इस पर आप अपना अकाउंट भी बनाकर रेगुलर मेंबर बन सकते हैं। इसके अलावा कोबो, डी2डी, स्मेशवर्ड्स भी अच्छे सेल्फ पब्लिशिंग प्लेटफॉर्म हैं।

गूगल एडसेंस के जरिए आप ब्लॉग पर विज्ञापन भी लगा सकते हैं, जिससे कुछ कमाई का जरिया बन सकता है। गूगल की सेवा गूगल एडसेंस द्वारा दिए जा रहे विज्ञापन को अपने ब्लॉग पर लगाएँ। यह आपको हर उस क्लिक के लिए भुगतान करेगा, जो आपके ब्लॉग पर दिखाए गए विज्ञापन पर होगा। गूगल एडसेंस आपको कई तरह के विज्ञापन देता है, जैसे—वीडियो, इमेज, टेक्स्ट, बैनर इत्यादि।

गूगल एडसेंस

गूगल एडसेंस के जरिए आप ब्लॉग पर विज्ञापन भी लगा सकते हैं, जिससे कुछ कमाई का जरिया बन सकता है। गूगल की सेवा गूगल एडसेंस द्वारा दिए जा रहे विज्ञापन को अपने ब्लॉग पर लगाएँ। यह आपको हर उस क्लिक के लिए भुगतान करेगा, जो आपके ब्लॉग पर दिखाए गए विज्ञापन पर होगा। गूगल एडसेंस आपको कई तरह के विज्ञापन देता है, जैसे—वीडियो, इमेज, टेक्स्ट, बैनर इत्यादि। आप इनमें से अपने लिए बेहतर विज्ञापन चुनें और अपने ब्लॉग पर लगाएँ।

बाय-सेल एड

यह भी एक ऑनलाइन मार्केटिंग का जरिया है। इसके जरिए सीधे विज्ञापन बेचे जा सकते हैं। आपके ब्लॉग को दिए गए विज्ञापन के एवज में यह अपना कमीशन लेते हैं। इसके विज्ञापनदाता से आपका सीधा संपर्क नहीं होता।

पेड रिव्यू

सॉफ्टवेयर या अन्य उत्पादों के लिए रिव्यू लिखना। अगर लेखन में आपकी क्षमता जबरदस्त है तो इसके जरिए आप कमाई कर सकते हैं। इसके अलावा इंफोलिंक भी एक माध्यम है।

आसानी से ऑनलाइन पैसे कमाने के तरीकों में से यह एक तरीका है। इसमें आप अपने घर में रखे पुराने सामानों को ऑनलाइन बेचकर कमाई कर सकते हैं। कई वेबसाइट आपको इन यूजलेस सामानों के लिए मुफ्त एड देने की सुविधा देती हैं।

पुराना सामान बेचकर कमाई

आसानी से ऑनलाइन पैसे कमाने के तरीकों में से यह एक तरीका है। इसमें आप अपने घर में रखे पुराने सामानों को ऑनलाइन बेचकर कमाई कर सकते हैं। कई वेबसाइट आपको इन यूजलेस सामानों के लिए मुफ्त एड देने की सुविधा देती हैं। इसके सहारे पुराने सामानों की फोटो ओएलएक्स, क्विकर, क्रेग्सलिस्ट जैसी कई साइटों पर अपलोड कर उसे बेच सकते हैं।

वर्चुअल कॉल सेंटर एजेंट

आप घर बैठे कॉल सेंटर एजेंट के रूप में काम कर सकते हैं। लाइवऑप्स आपको यह सुविधा मुहैया कराता है। इस साइट पर जाकर आप कंपनी के एजेंट बन सकते हैं। होम पेज खुलने के बाद एजेंट बनने के लिए अप्लाई करें। इसके लिए घर पर एक फोन, कंप्यूटर

और इंटरनेट की जरूरत है। अंग्रेजी अच्छी होना जरूरी है, ताकि आप उपभोक्ताओं को सीधे कॉल कर उत्पाद बेच सकें। अगर आपकी अंग्रेजी अच्छी नहीं है, तो भी आप इससे जुड़ सकते हैं, क्योंकि कॉल लगते ही कंपनी आपको बताएगी कि आपको क्या बोलना है, यानी कॉल शुरू होते ही स्क्रीन पर लिखकर आने लगेगा, जो आपको बोलना है। इस वेबसाइट के जरिए आप एक घंटे में 7 से 15 डॉलर तक की कमाई कर सकते हैं।

स्वागबक्स डॉटकॉम एक प्रसिद्ध वेबसाइट है, जिस पर फ्री में रजिस्टर करके आप कमाई शुरू कर सकते हैं। फेसबुक के जरिए भी इससे जुड़ा जा सकता है। इसमें आपको पैसा तो कम मिलेगा, लेकिन आपके जीवन में इस्तेमाल होनेवाली चीजें, जैसे मोबाइल, हार्ड डिस्क, मग, टी-शर्ट, आदि ज्यादा मिलते हैं।

स्वागबक्स डॉटकॉम

स्वागबक्स डॉटकॉम एक प्रसिद्ध वेबसाइट है, जिस पर फ्री में रजिस्टर करके आप कमाई शुरू कर सकते हैं। फेसबुक के जरिए भी इससे जुड़ा जा सकता है। इसमें आपको पैसा तो कम मिलेगा, लेकिन आपके जीवन में इस्तेमाल होनेवाली चीजें, जैसे मोबाइल, हार्ड डिस्क, मग, टी-शर्ट, आदि ज्यादा मिलते हैं। इस साइट पर बस आपको कुछ समय बिताना है और शॉपिंग से लेकर सर्चिंग, प्ले, सवाल-जवाब और प्रोडक्ट की जानकारी हासिल करनी है। इसके एवज में वेबसाइट आपको कुछ पॉइंट्स देगी। इन पॉइंट्स को आप शॉपिंग में इस्तेमाल कर सकते हैं या फिर कैश में भी बदल सकते हैं।

वर्चुअल असिस्टेंट

इंटरनेट के जरिए वर्चुअल असिस्टेंट घर बैठे काम करते हैं और विश्व भर के बिजनेस को मैनेज कर सकते हैं। कोई भी वर्चुअल असिस्टेंट

बन सकता है, जो इ-मेल का जवाब दे सके, बिजनेस डॉक्युमेंट जैसे पावर पॉइंट प्रेजेंटेशन और एक्सेल सीट बना सके, ब्लॉग, वेबसाइट मैनेज कर सके।

मेडिकल ट्रांसस्क्रिप्ट

मेडिकल ट्रांसस्क्रिप्ट वर्क फ्रॉम होम का सबसे अच्छा ऑप्शन है। इसमें डॉक्टर के रिकॉर्डेड मेडिकल डिक्टेशन को हजार मील दूर बैठा व्यक्ति ट्रांसस्क्रिप्ट करता है। इसके लिए एक कंप्यूटर, तेज इंटरनेट कनेक्शन और एयरफोन होना चाहिए। अगर संभव हो तो मेडिकल ट्रांसस्क्रिप्ट का कोर्स कर लें। गुरु डॉटकॉम और फ्रीलांसर डॉट कॉम जैसी कंपनियाँ मेडिकल ट्रांसस्क्रिप्ट का फ्रीलांस काम दिलाती हैं। इसके अलावा, ऑनलाइन मेडिकल ट्रांसस्क्रिप्ट कंपनियाँ ऐसे ऑफर देती हैं।

मेडिकल ट्रांसस्क्रिप्ट वर्क फ्रॉम होम का सबसे अच्छा ऑप्शन है। इसमें डॉक्टर के रिकॉर्डेड मेडिकल डिक्टेशन को हजार मील दूर बैठा व्यक्ति ट्रांसस्क्रिप्ट करता है। इसके लिए एक कंप्यूटर, तेज इंटरनेट कनेक्शन और एयरफोन होना चाहिए। अगर संभव हो तो मेडिकल ट्रांसस्क्रिप्ट का कोर्स कर लें।

वेब डेवलपर

वेब डेवलपर कुछ ही होते हैं, जो अपने एरिया के मास्टर होते हैं। ऐसे लोग फ्रीलांसिंग करके डेढ़ से दो लाख महीना कमा लेते हैं। इन्हें कोडिंग और वेबसाइट डिजाइन के बारे में अच्छी जानकारी होनी चाहिए। इसमें फ्रीलांसर डॉट कॉम आपकी मदद कर सकती है।

एप्स का बिजनेस

स्मार्टफोन और टैबलेट के लिए लाखों एप्लिकेशन बन और बिक

रही हैं। अगर आपके पास एप बनाने के लिए अच्छा आइडिया है तो भी आप किसी डेवलपर की सेवाएँ लेकर अपना एप बनवा सकते हैं।' एप बनाने के बाद 30–100 डॉलर की सालाना फीस चुकाकर आप गूगल, एप्पल, माइक्रोसॉफ्ट के विंडोज स्टोर पर रजिस्ट्रेशन करवा सकते हैं।

इसमें टूर बनाने से लेकर, फ्लाइट, रेल टिकट, बस टिकट, होटल बुक कराने होते हैं। भारत में कई तरह की ऑनलाइट ट्रैवल एजेंसियाँ हैं। ट्रैवल एजेंट बनने के लिए जरूरी है कि आपकी खुद की वेबसाइट हो, जिससे अगर कोई गोवा या फिर कहीं अन्य जगह की ट्रिप प्लान करे और ऑनलाइन ट्रैवल एजेंट को सर्च करे, तो आपको सर्च किया जा सके।

ट्रैवल एजेंट

इसमें टूर बनाने से लेकर, फ्लाइट, रेल टिकट, बस टिकट, होटल बुक कराने होते हैं। भारत में कई तरह की ऑनलाइट ट्रैवल एजेंसियाँ हैं। ट्रैवल एजेंट बनने के लिए जरूरी है कि आपकी खुद की वेबसाइट हो, जिससे अगर कोई गोवा या फिर कहीं अन्य जगह की ट्रिप प्लान करे और ऑनलाइन ट्रैवल एजेंट को सर्च करे, तो आपको सर्च किया जा सके।

डाटा एंट्री

डाटा एंट्री ऑनलाइन पैसे कमाने का सबसे सस्ता जरिया है। अगर आपको टाइपिंग और कंप्यूटर की बेसिक नॉलेज है, तो इस फील्ड में पैसे कमाने के कई मौके हैं। इसके लिए फ्रीलांसर डॉट कॉम और सिंपलीहायर्ड डॉट कॉम से मदद ली जा सकती है।

खुद की वेबसाइट

वेबसाइट बनाना अब कोई मुश्किल काम नहीं रह गया है। आप पैसा देकर बनवा सकते हैं और एफर्ट मारकर खुद भी बना सकते

हैं। अगर आप विजिटर्स को कुछ बेच रहे हैं और आपकी वेबसाइट पर विजिटर्स लगातार आ रहे हैं तो गूगल एडसेंस से आप कमाई कर सकते हैं। जितने ज्यादा लोग वेबसाइट पर आएँगे, उतने ज्यादा पैसे मिलेंगे।

एफिलिएट मार्केटिंग

मान लीजिए, आप वेबसाइट चला ले गए, तो आप दूसरी कंपनियों की वेबसाइट पर अपने वेब लिंक दे सकते हैं। अगर कोई विजिटर ऐसे लिंक से कोई सर्विस या प्रॉडक्ट खरीदता है, तो इससे आपको पैसा मिलेगा। एफिलिएट प्रोग्राम फ्लिपकार्ट, अमेजन, स्नैपडील, ईबे जैसी वेबसाइट्स के प्रॉडक्ट को प्रमोट करता है। यह भारत में हॉटेस्ट ऑनलाइन जॉब बन चुकी है, क्योंकि देश में यह तेजी से बढ़ता सेक्टर है। आप फ्लिपकार्ट, अमेजन, स्नैपडील, ईबे एफिलिएट बनकर हर सेल पर 4 से 10 पर्सेंट कमीशन कमा सकते हैं।

आप वेबसाइट चला ले गए, तो आप दूसरी कंपनियों की वेबसाइट पर अपने वेब लिंक दे सकते हैं। अगर कोई विजिटर ऐसे लिंक से कोई सर्विस या प्रॉडक्ट खरीदता है, तो इससे आपको पैसा मिलेगा। एफिलिएट प्रोग्राम फ्लिपकार्ट, अमेजन, स्नैपडील, ईबे जैसी वेबसाइट्स के प्रॉडक्ट को प्रमोट करता है।

वर्चुअल असिस्टेंटशिप (ऑनलाइन काम सँभालना)

मान लीजिए, कोई भला आदमी बड़ा आदमी भी है। उसके पास अपने ऑनलाइन ताम-झाम के लिए समय नहीं है, तो वह एक वर्चुअल असिस्टेंट रख लेगा। ऐसे में जरूरी नहीं कि असिस्टेंट उस क्लाइंट के साथ ही रहे। वह कहीं से भी इंटरनेट के जरिए काम सँभाल सकता है। आप किसी के लिए कर्मचारी की तरह काम कर सकते हैं या खुद का बिजनेस भी सेटअप कर सकते हैं।

ऑनलाइन ट्यूशन (इंटरनेटवाले मास्टरजी)

मान लीजिए, आप किसी विषय में ज्ञानी हैं तो यह अच्छी बात है, क्योंकि दुनिया में आबादी इतनी है कि हर तरह का ज्ञान लेनेवाला आदमी बैठा है। आप इंटरनेट पर ज्ञान बाँटना शुरू कर दीजिए। आपकी वजह से बोर्ड का एग्जाम दे रहे किसी स्टूडेंट का भी भला हो सकता है और कहीं खो जा रहा व्यक्ति लौटकर भी आ सकता है। सही वेबसाइट पर ज्ञान बाँट रहे होंगे, तो पैसे भी कमाएँगे। यू-ट्यूब तो बहुत सही जगह है।

पश्चिमी देशों में अभिभावकों के पास अपने बच्चों का होमवर्क पूरा करवाने का वक्त नहीं होता। ऊपर से अच्छा और सस्ता ट्यूटर तलाशना उतना ही मुश्किल। ऐसे माता-पिता के लिए इंटरनेट एक सुखद माध्यम बनकर सामने आया है।

पश्चिमी देशों में अभिभावकों के पास अपने बच्चों का होमवर्क पूरा करवाने का वक्त नहीं होता। ऊपर से अच्छा और सस्ता ट्यूटर तलाशना उतना ही मुश्किल। ऐसे माता-पिता के लिए इंटरनेट एक सुखद माध्यम बनकर सामने आया है। वे इसकी मदद से अपने बच्चों को विदेशी शिक्षकों से अपेक्षाकृत कम दरों पर ऑनलाइन ट्यूशन करवा लेते हैं, जिसमें दोनों ही पक्षों का लाभ होता है। अंग्रेजी, गणित और विज्ञान के अच्छे शिक्षकों की मौजूदगी भारत को ऑनलाइन ट्यूशन के क्षेत्र में पहले ही स्थापित कर चुकी है। यदि आप भी अध्यापक हैं या किसी विषय पर अच्छी पकड़ रखते हैं तो घर बैठे-बैठे ही देसी-विदेशी छात्रों को ट्यूशन दे सकते हैं। यदि आपको एक से अधिक विदेशी छात्र मिल जाते हैं तो आपकी आय पूर्णकालिक नौकरी से भी बेहतर हो सकती है।

विभिन्न वेबसाइटों पर ऑनलाइन ट्यूशन के लिए इंटरनेट-आधारित आधुनिक तकनीकों का प्रयोग किया जाता है, जिसके लिए

पहले अध्यापकों को प्रशिक्षण दिया जाता है। विषय विशेष की ट्यूशन के अलावा छात्रों को प्रोजेक्ट पूरे करने में मदद करने और विभिन्न प्रवेश परीक्षाओं की कोचिंग जैसे अवसर भी उपलब्ध हैं। इसके लिए ट्यूटर को प्रति घंटा पाँच डॉलर से लेकर बीस-पच्चीस डॉलर तक मिल जाते हैं। अपने घर की चहारदीवारी से बाहर निकले बिना, महज एक घंटा काम करके इतना कमा लेने में भला क्या बुराई है, लेकिन ऐसे छात्रों को ढूँढ़ा कैसे जाए? इसका उत्तर भी इंटरनेट पर ही मौजूद है। ऐसी ही कुछ साइट्स हैं—ट्यूटरविस्टा, ट्रांसट्यूटर्स, ऑनलाइनट्यूशन, बडीस्कूल, होमट्यूटर्स नेटवर्क। ट्यूशन एक ऐसी वेबसाइट है, जिससे दुनिया भर के करीब 77 हजार छात्र और 22 हजार अध्यापक जुड़े हैं।

विभिन्न वेबसाइटों पर ऑनलाइन ट्यूशन के लिए इंटरनेट-आधारित आधुनिक तकनीकों का प्रयोग किया जाता है, जिसके लिए पहले अध्यापकों को प्रशिक्षण दिया जाता है। विषय विशेष की ट्यूशन के अलावा छात्रों को प्रोजेक्ट पूरे करने में मदद करने और विभिन्न प्रवेश परीक्षाओं की कोचिंग जैसे अवसर भी उपलब्ध हैं।

एड पढ़कर कमाई

ऐसी कई वेबसाइट्स हैं, जहाँ साइन-अप करके आप एड पढ़कर भी कमाई कर सकते हैं। साइन-अप करने के बाद, आपको रेग्युलर बेसिस पर इन साइट्स पर लॉग-इन करना होगा और अपने अकाउंट के डैशबोर्ड पर नजर आनेवाले एड पर क्लिक करना होगा। ऐसी ज्यादातर साइट्स आपको एस.एम.एस. के जरिए एड भेजती भी हैं और पढ़ने के लिए रकम भी देती हैं। हर रोज 10-20 मिनट कंप्यूटर पर बिताकर आप ऑफिस जाने से ज्यादा कमा सकते हैं।

ऑनलाइन माइक्रो जॉब्स

माइक्रो जॉब्स का सीधा सा मतलब लघु नौकरी (टास्क) से है, जिसे पूरा करने में आपको कुछ सेकंड्स ही लगेंगे। एमटर्क, माइक्रोवर्कर्स जैसी दर्जनों वेबसाइट्स हैं, जहाँ जाकर आप एक टास्क पूरा करके 5 रुपए से 100 रुपए तक कमा सकते हैं।

ब्लॉगिंग इंटरनेट पर एक बेस्ट जॉब है। आप साधारण ब्लॉग बनाकर कुछ भी अच्छी बातें पोस्ट कर उसे प्रमोट कर सकते हैं। आप फ्री और पेड ब्लॉग भी बना सकते हैं। एड नेटवर्क के एड डालकर आप ब्लॉग से कमाई कर सकते हैं, यह गूगल एडसेंस जैसा ही होता है, जहाँ आप अपने ब्लॉग पर आनेवाले हर एड पर होनेवाली क्लिक से कमाई करते हैं।

ब्लॉगिंग

ब्लॉगिंग इंटरनेट पर एक बेस्ट जॉब है। आप साधारण ब्लॉग बनाकर कुछ भी अच्छी बातें पोस्ट कर उसे प्रमोट कर सकते हैं। आप फ्री और पेड ब्लॉग भी बना सकते हैं। एड नेटवर्क के एड डालकर आप ब्लॉग से कमाई कर सकते हैं, यह गूगल एडसेंस जैसा ही होता है, जहाँ आप अपने ब्लॉग पर आनेवाले हर एड पर होनेवाली क्लिक से कमाई करते हैं। ब्लॉगिंग कमाई का एक बहुत बढ़िया साधन है। ब्लॉगिंग के लिए आप अपना मनपसंद कोई भी विषय चुन सकते हैं। यदि आपके विचार लोगों को अच्छे लगे तो आपके ब्लॉग पर विजिटर्स की संख्या धीरे-धीरे बढ़ती जाएगी। जब आपका ब्लॉग लोकप्रिय हो जाएगा और इस पर अच्छी-खासी संख्या में विजिटर्स होने लगेंगे तो कंपनियों के उत्पादों के विज्ञापन अपने ब्लॉग पर लगाकर अच्छे पैसे कमा सकते हैं। यह कमाई हजारों से लाखों तक हो सकती है। इंटरनेट पर कई ऐसी साइटें हैं, जो आपको फ्री में ब्लॉग बनाकर देती हैं। इसमें आप अपनी रुचि का टेंप्लेट चुन सकते हैं। ब्लॉग तैयार करना

काफी आसान है, लेकिन अच्छा ब्लॉग बनाने के लिए आपको ब्लॉग करने के तरीके जानने होंगे।

ऑनलाइन राइटिंग जॉब

यह जॉब ऐसे लोगों के लिए है, जिन्हें लिखने में रुचि है। ऑनलाइन राइटिंग जॉब इसलिए मशहूर हो रही है, क्योंकि इंटरनेट पर हर वेबसाइट को रेग्युलर कंटेंट को अपडेट करने की जरूरत होती है। रुपए 250 से 1,000 रुपए तक इस जॉब से कमा सकते हैं।

डोमेन खरीदें-बेचें

अगर आप गाढ़ी कमाई की तलाश में हैं तो यह जॉब आप ही के लिए है। आप गोडैडी या किसी और डोमेन रजिस्ट्रार पर जाकर कम कीमत पर डोमेन खरीद सकते हैं और फिर इसे जरूरतमंद लोगों को ज्यादा कीमत पर बेच सकते हैं। यहाँ आपको रिसर्च कर अच्छे डोमेन नामों की तलाश करनी होगी। कुछ वक्त बाद आप अपने डोमेन नेम की बोली लगा सकते हैं।

अगर आप गाढ़ी कमाई की तलाश में हैं तो यह जॉब आप ही के लिए है। आप गोडैडी या किसी और डोमेन रजिस्ट्रार पर जाकर कम कीमत पर डोमेन खरीद सकते हैं और फिर इसे जरूरतमंद लोगों को ज्यादा कीमत पर बेच सकते हैं। यहाँ आपको रिसर्च कर अच्छे डोमेन नामों की तलाश करनी होगी।

ऑनलाइन बिक्री

ऐसे कई लोग हैं, जो अपने प्रॉडक्ट को ईबे, अमेजन, फ्लिपकार्ट जैसी बड़ी शॉपिंग वेबसाइट्स पर बेचकर लाखों कमा रहे हैं। आपको सिर्फ एक अच्छा प्रॉडक्ट चाहिए, इसके बाद ऐसी किसी भी साइट पर साइन-अप करें, अपने प्रॉडक्ट को प्राइस के साथ लिस्ट करें और बेचना शुरू कर दें। आपको किसी से बात करने की भी जरूरत नहीं। आपको

ऑर्डर मेलबॉक्स के जरिए मिल जाएगा और कूरियर कंपनी के जरिए उसे डिलिवर कर दें, बस।

ऑनलाइन सर्वे, रिसर्च, रिव्यू

ऑनलाइन सर्वे एक ऐसा सर्वे होता है, जिसमें कुछ कंपनी आपसे कुछ प्रश्न करेंगी। चाहे वह किसी प्रोडक्ट या किसी अन्य चीजों के बारे में आपसे पूछेंगी, जिसे आपको यस या नो और या फिर कुछ आंसर देकर सबमिट करना होता है। इसमें आपको रोजाना सर्वे का टास्क मिलेगा, जिसे आपको पूरा करना होगा।

ऑनलाइन सर्वे एक ऐसा सर्वे होता है, जिसमें कुछ कंपनी आपसे कुछ प्रश्न करेंगी। चाहे वह किसी प्रोडक्ट या किसी अन्य चीजों के बारे में आपसे पूछेंगी, जिसे आपको यस या नो और या फिर कुछ आंसर देकर सबमिट करना होता है।

कई वेबसाइट ऑनलाइन सर्वे भरने, रिसर्च करने और प्रॉडक्ट्स के रिव्यू लिखने के लिए पैसे देती हैं। काम करने पर पैसा आपके खाते में आएगा। यहीं पर सावधान रहने की जरूरत है। आप उनके साथ अपनी बैंक डीटेल्स शेयर करते हैं, तो आपको वेबसाइट की प्रतिष्ठा के मुताबिक एक्शन लेना होता है। कई बार काम दिलानेवाले कुछ रकम दबा लेते हैं।

वेबसाइट आपको सीधे बैंक खाते में पैसे ट्रांसफर कर देगी। आपको आसानी से इ-मेल से अकाउंट बनाना है और सर्वे शुरू कर देना है। क्लिकसेंस, निओबक्स, ग्लोबल टेस्ट मार्केट, स्वागबक्स, स्टारपेनल, इंडियास्पीक्स ये कुछ सर्वे साइट हैं, जो आपको अच्छा पेमेंट देंगी, कोई भी ऐसी साइट जॉइन करने से पहले उसके रिव्यू जरूर पढ़ लें, क्योंकि उस साइट की हकीकत रिव्यू में ही होती है। कम-से-कम 10 रिव्यू को पढ़ना चाहिए।

कैपचा भरकर कमाई

जैसे आप किसी भी वेबसाइट पर अकाउंट बनाते हैं या फिर लॉग-इन करते हैं तो आपसे कैपचा भरने के लिए कहा जाता है, यानी आपको एक कैपचा फिल करना पड़ता है। उसी प्रकार कुछ वेबसाइट आपसे कैपचा बनवाती हैं और उसके बदले आपको रुपए देती हैं। आपको उन वेबसाइट पर अकाउंट बनाकर काम शुरू कर देना है। कैपचा टाइप्स, प्रो टाइपर्स, कैपचा2कैश, 2कैपचा, जैसी साइट्स कैपचा बनाने के जॉब देती हैं।

मोबाइल फोन से कमाई

गूगल प्ले स्टोर में बहुत सी ऐसी एप्लीकेशन हैं, जिनसे आप अच्छी-खासी कमाई कर सकते हैं। बस इन एप्लीकेशन को डाउनलोड करें और काम शुरू कर दें। ऐसी कुछ एप्लीकेशन हैं—इबोटा, स्पोकिक, मेक मनी, कैशपाइरेट्स। सभी एप्लीकेशन से आप आसानी से कमाई शुरू कर सकते हैं।

गूगल प्ले स्टोर में बहुत सी ऐसी एप्लीकेशन हैं, जिनसे आप अच्छी-खासी कमाई कर सकते हैं। बस इन एप्लीकेशन को डाउनलोड करें और काम शुरू कर दें। ऐसी कुछ एप्लीकेशन हैं—इबोटा, स्पोकिक, मेक मनी, कैशपाइरेट्स। सभी एप्लीकेशन से आप आसानी से कमाई शुरू कर सकते हैं।

पेंटिंग्स बेचकर पैसे कमाएँ

अगर आप अच्छे चित्रकार हैं तो आप पेंटिंग्स बनाकर भी इंटरनेट से पैसे कमा सकते हैं। इसके लिए आप कॉफी कप, टी-शर्ट्स, बैग आदि के लिए अच्छे-अच्छे नए डिजाइन तैयार कर इंटरनेट की वेबसाइट पर डालिए और उन्हें बेचकर पैसे कमाएँ। इसके लिए कुछ वेबसाइट्स हैं, जैसे जैजल डॉट कॉम, जिस पर आप अपने डिजाइन बेच सकते हैं।

तकनीकी सेवा देकर पैसे कमाएँ

यदि आप तकनीकी विशेषज्ञ हैं और इसके द्वारा पैसा कमाने की चाहत है तो इंटरनेट आपके लिए वरदान साबित हो सकता है। कुछ वेबसाइट्स जैसे ओडेस्क, एलेंस इस तरह का अवसर प्रदान करती हैं, जिसमें वेबसाइट आपको उन लोगों से संपर्क कराती है, जिन्हें आपकी तकनीकी सेवा की आवश्यकता है। इस प्रकार आप इंटरनेट पर तकनीकी सेवा देकर कमाई कर सकते हैं।

यदि आप म्यूजिक का शौक रखते हैं और आपको म्यूजिक की अच्छी समझ है तो आप म्यूजिक बनाकर उसे इंटरनेट पर बेच सकते हैं। कुछ वेबसाइट जैसे अमेजन, गूगल प्ले इस तरह के अवसर प्रदान करती हैं।

म्यूजिक बेचकर पैसे कमाएँ

यदि आप म्यूजिक का शौक रखते हैं और आपको म्यूजिक की अच्छी समझ है तो आप म्यूजिक बनाकर उसे इंटरनेट पर बेच सकते हैं। कुछ वेबसाइट जैसे अमेजन, गूगल प्ले इस तरह के अवसर प्रदान करती हैं। आपका संगीत गीत, विज्ञापन और रिंगटोन के लिए खरीदा जा सकता है और इसके लिए आपको अच्छा पैसा मिल सकता है।

थीम डिजाइनिंग से पैसे कमाएँ

अगर आपको कोडिंग लैंग्वेज आती है तो आप ब्लॉग के लिए नई-नई बेस्ट थीम बनाकर लाखों रुपए कमा सकते हैं। आप अपने खुद के ब्लॉग और दूसरे थीम स्टोर्स पर भी बेस्ट थीम बनाकर बेच सकते हैं। बहुत सारे ब्लॉगर अपने ब्लॉग के लिए नई-नई डिजाइनिंग को खोजते रहते हैं। आप थीम डिजाइनिंग बनाकर अच्छी-खासी कमाई कर सकते हैं।

फेसबुक से पैसे कमाएँ

फेसबुक दुनिया की सबसे लोकप्रिय सोशल नेटवर्किंग साइट है। दोस्तों, रिश्तेदारों और नए लोगों से जुड़ने के लिए यह एक बेहतरीन प्लेटफॉर्म है। जैसा कि हम जानते ही हैं, फेसबुक पर करोड़ों लोग जुड़े हुए हैं। आप फेसबुक पेज और फेसबुक ग्रुप्स बनाकर उसके जरिए अपने या किसी और की वेबसाइट या किसी प्रोडक्ट को शेयर करके पैसा कमा सकते हैं। फेसबुक से पैसा कमाने के लिए कोई निवेश नहीं करना पड़ता। अकाउंट, पेज या ग्रुप बनाने के लिए कोई पैसा नहीं देना पड़ता। कुछ समय पहले फेसबुक ने बाय और सेल का विकल्प दिया है ग्रुप्स में, जिससे हम कोई भी सामान खरीद या बेच सकते हैं। वह सामान चाहे आपके किसी बिजनेस, दुकान का हो या पहले से इस्तेमाल किया हुआ हो।

कोई भी ब्लॉग, बिजनेस, सेलेब्रिटी या फिर कोई ब्रैंड, सबके लिए फेसबुक पेज बनाना बहुत अहम है। जिनका फेसबुक अकाउंट है, वे बड़ी आसानी से फेसबुक पेज बना सकते हैं। किसी ऐसे टॉपिक पर पेज बनाएँ, जिससे आपको ज्यादा-से-ज्यादा लाइक्स मिल सकें।

कोई भी ब्लॉग, बिजनेस, सेलेब्रिटी या फिर कोई ब्रैंड, सबके लिए फेसबुक पेज बनाना बहुत अहम है। जिनका फेसबुक अकाउंट है, वे बड़ी आसानी से फेसबुक पेज बना सकते हैं। किसी ऐसे टॉपिक पर पेज बनाएँ, जिससे आपको ज्यादा-से-ज्यादा लाइक्स मिल सकें। अगर आपके पेज पर काफी लाइक्स हो जाते हैं तो उस पेज के जरिए आप पैसे कमा सकते हैं।

हालाँकि यह बात सही है कि फेसबुक आपको डायरेक्ट पैसे नहीं देता। आपको कुछ तरीके अपनाने होंगे और कुछ टोटके। आपका फेसबुक अकाउंट जरूर होगा, तो यहाँ पर आपको यह करना है कि

अपने अकाउंट में या अपने फेसबुक पेज पर ज्यादा-से-ज्यादा लोगों को जोड़ना है, जितने ज्यादा लोग आपकी फ्रेंड लिस्ट में होंगे, उतना ही ज्यादा आप पैसा कमा सकते हैं।

अमेजन डॉट कॉम से कमाई

अमेजन डॉट कॉम दुनिया की सबसे बड़ी इ-कॉमर्स वेबसाइट है। इस पर रोजाना लाखों-करोड़ों लोग शॉपिंग करते हैं। आप अगर अपने दिमाग का सही-सही इस्तेमाल करें तो अमेजन डॉट कॉम से लाखों कमा सकते हैं। इसका तरीका बहुत सिंपल है। इस पर अपना एफिलिएट अकाउंट बनाना है। एफिलिएट अकाउंट बना लेने के बाद आपको आपका एफिलिएट लिंक मिल जाएगा, जिसको फिर आप अपने दोस्तों के साथ, अपने घर-परिवारवालों के साथ या फिर किसी के भी साथ शेयर कर सकते हैं और जब वह आपके एफिलिएट लिंक से अमेजन डॉट कॉम पर किसी भी चीज की खरीदारी करेगा, तो आपको उसका एक निश्चित कमीशन मिलेगा। यह कमीशन कितना होगा, यह आप अमेजन डॉट कॉम से पता कर सकते हैं। अमेजन डॉट कॉम पर एफिलिएट अकाउंट बनाने के लिए आपको कोई पैसे नहीं देने होंगे। यह बिल्कुल फ्री सर्विस है।

> ***अमेजन डॉट कॉम दुनिया की सबसे बड़ी इ-कॉमर्स वेबसाइट है। इस पर रोजाना लाखों-करोड़ों लोग शॉपिंग करते हैं। आप अगर अपने दिमाग का सही-सही इस्तेमाल करें तो अमेजन डॉट कॉम से लाखों कमा सकते हैं।***

फीवर

फीवर भी एक जबरदस्त ऑनलाइन कमाई की पुरानी वेबसाइट है। इस पर लोग काफी अच्छा पैसा कमाते हैं। फीवर पर पहले आपको

अपना अकाउंट बनाना पड़ता है, जो बिल्कुल फ्री है। फीवर पर ऐसे बहुत से लोग आते हैं, जिनको अपना काम करवाना होता है। अगर आपको वह काम आता हो तो यहाँ कमाई के अनेक अवसर हैं। जैसे-जैसे आप ज्यादा-से-ज्यादा लोगों की हेल्प करेंगे और काम करके देंगे, तो आपकी क्लाइंट संख्या बढ़ती जाएगी। यहाँ आपको अपना अकाउंट बिल्कुल प्रोफेशनल बनाना है। आपको पूरी इन्फॉर्मेशन देनी होगी, जिससे कि ज्यादा-से-ज्यादा क्लाइंट बनें। इस वेबसाइट से ज्यादा पैसे कमाने के लिए आपको एक ही बात ध्यान में रखनी है कि जो भी क्लाइंट आपके पास आए, उसका काम बिल्कुल सही समय पर बिल्कुल सही तरीके से करके देना है।

ओडेस्क ऑनलाइन पैसे कमाने की एक अच्छी वेबसाइट है। यहाँ पैसे कमाने के आपको ज्यादा अवसर मिलेंगे, क्योंकि इस वेबसाइट में काम और दाम की कोई लिमिट नहीं है। ओडेस्क में आप अपनी इच्छानुसार अपना चार्ज ले सकते हैं।

ओडेस्क

ओडेस्क ऑनलाइन पैसे कमाने की एक अच्छी वेबसाइट है। यहाँ पैसे कमाने के आपको ज्यादा अवसर मिलेंगे, क्योंकि इस वेबसाइट में काम और दाम की कोई लिमिट नहीं है। ओडेस्क में आप अपनी इच्छानुसार अपना चार्ज ले सकते हैं। इस वेबसाइट पर लोग आसानी से लाखों कमा रहे हैं और बहुत अच्छी बात यह है कि यह बहुत पुरानी और प्रतिष्ठित वेबसाइट है। काम के पैसे सही वक्त पर मिल जाते हैं। आपको यहाँ ऑनलाइन अकाउंट बनाना होगा और उसके बाद अपने प्रोफाइल को प्रोफेशनल बनाना है।

इ-मेल पढ़कर पैसा कमाना

अगर इ-मेल मार्केटिंग के बारे में बात की जाए, तो वर्चुअल वर्ल्ड

में इसका खास महत्त्व है। रोजाना कई तरह की मेल सेवाओं का प्रयोग आप करते हैं, लेकिन क्या कभी सोचा है कि आप मेल पढ़कर भी पैसा कमा सकते हैं।

सेंडर अर्निंग डॉट कॉम—इस वेबसाइट पर आप इ-मेल, सर्वे, ऑनलाइन शॉपिंग के माध्यम से पैसा कमा सकते हैं। पहले आपको अकाउंट बनाना होगा और अपना रजिस्ट्रेशन कन्फर्म कराना होगा। यहाँ आपको एक इ-मेल पढ़ने पर एक डॉलर दिया जाता है। अगर आपने छह महीने में एक बार इस साइट पर विजिट नहीं किया, तो आपका अकाउंट डिएक्टिवेट कर दिया जाएगा। पेमेंट के लिए आवेदन करते समय आपके अकाउंट में कम-से-कम 30 डॉलर, यानी तकरीबन दो से ढाई हजार रुपए होने चाहिए।

इस वेबसाइट पर आप इ-मेल, सर्वे, ऑनलाइन शॉपिंग के माध्यम से पैसा कमा सकते हैं। पहले आपको अकाउंट बनाना होगा और अपना रजिस्ट्रेशन कन्फर्म कराना होगा। यहाँ आपको एक इ-मेल पढ़ने पर एक डॉलर दिया जाता है।

मैट्रिक्स मेल डॉट कॉम—इ-मेल के जरिए पैसा कमाने के लिए यह वेबसाइट एक बेहतर विकल्प है। साल 2002 से यह वेबसाइट काम कर रही है। इस वेबसाइट के माध्यम से आप इ-मेल पढ़ते हुए, ऑफर्स के माध्यम से, साइट विजिट करें और अन्य लोगों को इसकी जानकारी देकर पैसे कमा सकते हैं। 25 से 50 डॉलर तक एक घंटे में कमाए जा सकते हैं।

कैश फॉर ऑफर डॉट कॉम—इस वेबसाइट के माध्यम से भी आप पैसा कमा सकते हैं। जब आप वेबसाइट के गोल्ड मेंबर बन जाते हैं, तो 72 घंटे से भी कम समय में आपको पेमेंट कर दी जाती है। आप इ-मेल पढ़कर, सर्वे द्वारा, कैश ऑफर्स के माध्यम से, ऑनलाइन गेम्स खेलकर और दोस्तों का अकाउंट बनवाकर पैसा कमा सकते हैं। वेबसाइट

पर साइन-इन करते ही आपको करीब पाँच डॉलर तक मिलते हैं।

पैसा लाइव डॉट कॉम—अगर आप एक भी पैसा निवेश किए बिना तेजी से पैसा कमाना चाहते हैं तो यह वेबसाइट आपको यह मौका देती है। पैसा लाइव में अकाउंट बनाते ही आपको 99 रुपए मिलेंगे। अपने दस दोस्तों को इसके बारे में बताकर उनका अकाउंट बनवाने पर भी आपको तुरंत दस रुपए मिलेंगे। पहले दस दोस्तों के बाद हर दोस्त पर आपको दो रुपए मिलेंगे। इनबॉक्स में मेल पढ़ने पर आपको 25 पैसे से पाँच रुपए तक मिलेंगे। वेबसाइट 15 दिन में एक बार चेक से पेमेंट करती है।

मनी मेल डॉट कॉम—इस वेबसाइट पर आप दिन में 15 मिनट का समय निकालकर इ-मेल पढ़कर कमाई कर सकते हैं। इसके जरिए 10,000 रुपए तक एक महीने में कमा सकते हैं। एक इ-मेल पढ़ने पर आपको 20 पैसे से लेकर 200 रुपए तक दिए जाते हैं। इसके लिए आपको हर रोज अपने अकाउंट पर लॉग-इन करना होगा और इन-बॉक्स में मेल पढ़ने होंगे। अपने किसी दोस्त का अकाउंट बनवाने पर आपको 100 रुपए तक दिए जाते हैं।

इस वेबसाइट पर आप दिन में 15 मिनट का समय निकालकर इ-मेल पढ़कर कमाई कर सकते हैं। इसके जरिए 10,000 रुपए तक एक महीने में कमा सकते हैं। एक इ-मेल पढ़ने पर आपको 20 पैसे से लेकर 200 रुपए तक दिए जाते हैं।

सलाहकार बनें

आप बहुत सारे लोगों को अपना ज्ञान बाँटकर पैसे कमा सकते हैं। इससे पैसे कमाने के लिए आपको बहुत ज्ञानी होने की जरूरत नहीं है, लेकिन जिसे भी आप सलाह देना चाहते हैं, उससे ज्यादा ज्ञान आपके पास होना चाहिए।

सोशल मीडिया से कमाएँ

अगर आपकी सोशल मीडिया से पैसे कमाने के बारे में नकारात्मक सोच है तो आप बिल्कुल गलत हैं, क्योंकि आजकल बहुत सारे ऐसे लोग हैं, जिनके सोशल मीडिया पर बहुत सारे फॉलोवर हैं और वे लोग केवल एक पोस्ट को पब्लिश करने के लिए 20,000 की फीस लेते हैं। कई बार वे लोग इससे ज्यादा पैसे भी लेते हैं और सबसे बड़ी बात यह है कि सोशल मीडिया के फॉलोवर से उनकी कमाई होती है। मतलब जितने ज्यादा उनके फॉलोवर होंगे, उतने ज्यादा वे सोशल मीडिया एप से पैसे कमा सकते हैं।

आज का युग कंप्यूटर का युग है। आज पूरी दुनिया में लाखों लोग ऑनलाइन गेम्स के जरिए करोड़ों रुपए कमा रहे हैं। पहले समय में कंप्यूटर गेम्स थे, पर आप उसे खेलकर पैसा नहीं बना सकते थे, आज समय बदल गया है। खेल-खेल में पैसा आसानी से जीता जा सकता है। ऐसे में ऑनलाइन गेम्स एक बहुत अच्छा माध्यम है।

ऑनलाइन गेम्स

आज का युग कंप्यूटर का युग है। आज पूरी दुनिया में लाखों लोग ऑनलाइन गेम्स के जरिए करोड़ों रुपए कमा रहे हैं। पहले समय में कंप्यूटर गेम्स थे, पर आप उसे खेलकर पैसा नहीं बना सकते थे, आज समय बदल गया है। खेल-खेल में पैसा आसानी से जीता जा सकता है। ऐसे में ऑनलाइन गेम्स एक बहुत अच्छा माध्यम है। बहुत तेजी से ऑनलाइन गेम्स खेलनेवालों की संख्या बढ़ती जा रही है। आप भी इस सुनहरे अवसर का फायदा उठाएँ और 'खेल-खेल में कमाएँ पैसा'।

कंप्यूटर गेम्स में सुपर खिलाड़ी बनना इतना आसान भी नहीं है, इसके लिए अभ्यास और तेज दिमाग की जरूरत है। ऑनलाइन गेम में कमाई का जरिया है—खेलते जाओ और जीतते जाओ। आज हजारों ऐसे

गेम्स हैं, जिनमें आप ऑनलाइन गेम्स खेलकर पैसा कमा सकते हैं। ऐसे ही कुछ ऑनलाइन खेल, जिनसे आप पैसा कमा सकते हैं—इजीगेम्स, गेमड्युएल, स्किल्ज, रमी, मल्टीप्लेयर कार्ड गेम्स इत्यादि।

'रमी' भी इन्हीं में से एक ऐसा खेल है, जिससे आप पैसा बना सकते हैं। इसमें आपको काफी बोनस भी मिलता है और अलग से रुपए भी मिलते हैं। इसमें हर दिन नए-नए ऑफर्स भी आते रहते हैं।

एक और ऑनलाइन खेल है—मल्टीप्लेयर कार्ड गेम। इससे भी आप पैसे कमा सकते हैं। आप इसे गूगल से अपने फोन या कंप्यूटर में डाउनलोड करके खेल सकते हैं। मल्टीप्लेयर कार्ड खेल बहुत अच्छा पैसा कमाने का साधन है और यह मनोरंजन से भी भरपूर है।

इसी तरह बहुत सारे ऐसे और भी ऑनलाइन खेल हैं, जो आपको पैसे कमाने का मौका देते हैं। इन खेलों को आपको काफी ध्यान से खेलना होता है। अगर आप पूरे ध्यान से और दिमाग से खेलेंगे तो आपको पैसा जरूर मिलेगा। पहले आप खेल को अच्छे से समझें, ऑफर्स को देखें, ट्रायल खेलें, फिर जब आपको खेल समझ आ जाए, उसके बाद आराम से पैसे कमाएँ। खेलते जाएँ और पैसे कमाते जाएँ। जैसे-जैसे आप इन खेलों को और अच्छी तरह से समझते जाएँगे, आपकी कमाई और बढ़ती जाएगी। ऑनलाइन गेम्स आपके मनोरंजन के साथ-साथ कमाई के भी अच्छे अवसर हैं। ये आपके दिमाग को तेज बनाते हैं, आपकी एकाग्रता को बढ़ाते हैं, किसी काम से जूझने की क्षमता को बढ़ाते हैं।

□□□